新媒体时代数字化阅读推广模式研究

李承阳◎著

吉林出版集团股份有限公司
全国百佳图书出版单位

图书在版编目（CIP）数据

新媒体时代数字化阅读推广模式研究 / 李承阳著. -- 长春：吉林出版集团股份有限公司, 2022.12
ISBN 978-7-5731-2311-4

Ⅰ.①新… Ⅱ.①李… Ⅲ.①公共图书馆-读书活动-研究 Ⅳ.①G252.17

中国版本图书馆CIP数据核字(2022)第173490号

XINMEITI SHIDAI SHUZIHUA YUEDU TUIGUANG MOSHI YANJIU
新媒体时代数字化阅读推广模式研究

著　者	李承阳
责任编辑	宫志伟
装帧设计	博健文化

出　版	吉林出版集团股份有限公司
发　行	吉林出版集团社科图书有限公司
地　址	吉林省长春市南关区福祉大路5788号　邮编：130118
印　刷	唐山富达印务有限公司
电　话	0431-81629711（总编办）
抖音号	吉林出版集团社科图书有限公司 37009026326
开　本	787 mm×1092 mm　1/16
印　张	9.75
字　数	200千
版　次	2023年1月第1版
印　次	2023年1月第1次印刷
书　号	ISBN 978-7-5731-2311-4
定　价	58.00元

如有印装质量问题，请与市场营销中心联系调换。0431-81629729

前言

阅读是提升国民素质的重要方式。图书馆为广大读者提供各种读物，具有丰富的文献资源、充足的阅读场地和良好的阅读氛围，在阅读推广方面具有其他机构或组织无法比拟的先天优势。随着互联网的普及，数字媒体迅速崛起，基于网络技术优势，数字化阅读的出现，从根本上改变了传统的纸质阅读方式，给人们带来了不一样的阅读体验。随着大数据时代的来临以及阅读媒介的数字化，数字阅读方式逐渐兴盛。当前，很多人在阅读方面没有明确的目的性和系统性，因此，如何开展阅读以及服务工作成为图书馆的重要工作内容。

新媒体时代，如何利用网络对数字化阅读进行推广成为当今时代讨论的热点话题，同时也是我们今后研究的方向。本书立足数字化阅读推广这一主题，对新媒体时代数字阅读进行了研究，分析了新媒体背景下数字阅读的优势及影响因素，介绍了阅读推广的基本理论、资源构建，并对阅读推广的发展新形态进行了研究，概括了阅读推广媒介建设、设施建设等内容。本书主要通过言简意赅的语言、丰富全面的知识点以及清晰系统的结构，对新媒体时代数字化阅读推广模式进行了全面且深入的分析，充分体现了科学性、发展性、实用性、针对性等显著特点，希望其能够成为一本为相关研究提供参考和借鉴的专业学术著作，供人们阅读。

为了拓宽研究思路，丰富理论知识与实践表达，作者阅读了很多相关学科的著作与成功案例，吸取了大量交叉学科的知识并在书中采用，让研读的人能够真正清楚地理解这些内容，以便今后更好地实施。最后，本书的完成还得益于前辈和同行的研究成果，具体已在参考文献中列出，在此一并表示诚挚的感谢！

李承阳

目 录

第一章 新媒体时代下的公共图书馆 ... 1
第一节 新媒体时代概述 ... 1
第二节 公共图书馆的基本认识 ... 5
第三节 新媒体时代对公共图书馆的影响 ... 20
第四节 新媒体时代公共图书馆的宣传与推广 ... 21

第二章 阅读推广基本理论 ... 38
第一节 阅读推广的定义与功能 ... 38
第二节 阅读推广的原理研究 ... 43
第三节 新媒体时代下的数字化阅读推广 ... 47

第三章 阅读推广资源构建 ... 59
第一节 文献资源构建 ... 59
第二节 图书资源结构体系 ... 65
第三节 资源构建链接体系 ... 71
第四节 图书资源构建模式 ... 76

第四章 阅读推广设施与队伍建设 ... 78
第一节 城市与公共图书馆 ... 78

第二节　公共图书馆阅读推广形式 …………………………… 81

第三节　民营实体书店转型发展 …………………………… 102

第四节　阅读推广人队伍建设 ……………………………… 113

第五章　数字化阅读概述 …………………………………… 118

第一节　数字化阅读资源及其优势 ………………………… 118

第二节　数字化阅读概况及其特点 ………………………… 121

第三节　全民阅读的数字化阅读新形态 …………………… 124

第六章　数字化阅读的媒体与推广媒介 …………………… 128

第一节　数字化阅读的媒体 ………………………………… 128

第二节　数字化阅读的推广媒介 …………………………… 137

第七章　公共图书馆数字化阅读推广的策划与实施 ……… 154

第一节　公共图书馆数字化阅读推广的基本内容 ………… 154

第二节　公共图书馆数字化阅读推广的技术支撑 ………… 156

第三节　公共图书馆数字化阅读推广项目的策划与实施 … 159

第八章　公共图书馆数字化阅读推广的可持续性及发展展望 …… 165

第一节　公共图书馆数字化阅读推广的可持续性 ………… 165

第二节　关于公共图书馆数字化阅读推广的展望 ………… 171

参考文献 ……………………………………………………… 180

第一章 新媒体时代下的公共图书馆

第一节 新媒体时代概述

"新媒体"一词,最初是由美国哥伦比亚广播电视网(CBS)技术研究所所长 P. 高尔德马克(P. Goldmark)提出的。1967 年,他发表了一份关于开发电子录像(EVR)商品的计划书,在计划书中,他将"电子录像"称作"新媒体"(New Media),"新媒体"这一名称由此产生。"新媒体"概念出现于人类即将进入信息时代的前夜。20 世纪 60 年代到 70 年代,大众传媒产业高度发展,而以信息技术革命为重要内容的新技术革命开始蓬勃兴起,随着世界贸易的不断发展和经济全球化的不断推进,发达工业经济体开始向后工业时代转变,社会发展对提高信息传播能力和信息共享水平提出了进一步的要求,"新媒体"概念的出现反映了人们对信息传播方式变革的新的呼唤。

一、信息传播与传播媒介

现代生命科学研究表明,人类拥有说话的能力是进化过程中基因变异的结果,虽然对于这一遗传特性形成的原因目前并未取得充分的答案,但人类有了说话的能力就为生产经验和生活知识的积累传承创造了条件。

拥有语言能力是人类进化史上具有十分重要意义的大事件。语言既是人类的思维工具,也是人类最基本的信息传播工具。语言的形成和发展增强了人类的思维能力,促进了人们之间的相互沟通和交流,推动了人类社会组织形态的不断发展。语言的产生使人们可以用比吼叫、面部表情和肢体动作更好的方式进行事件的陈述和思想的表达,也使人类具有了有别于自然界其他物种的属于自己的信息传播能力。在文字还未出现的历史年代,口头语言传播是人们进行信息传播的基础方式,直至现在也是人类传播交流的基本方式之一。

然而,在漫长的历史岁月中,人们无法对口头语言传播的信息进行保留,受个人活动范围的制约,口头语言传播的空间也很有限,随着人们生活范围的不断扩大和相互交流的不断增多,这种局限性促使人们必须在口头语言之外找到新的交流途径和传播方式。

制造并使用工具是人类智慧的重要体现。在迈向文明的进程中,人类发明了一系列传播方法和传播工具。在数万年的历史进程中,原始先民先是用绘画,此后又用结绳记事、刻画符号等展现思想、帮助记忆、记录信息,经历了由形象到抽象的发展演变过程,最终在五六千年前创造出了文字。

文字是人类最伟大和最重要的发明之一。文字的发明使思想和语言有了承载体,是人类进入文明时代的重要标志之一。文字是表示语言的符号系统,是记录信息的基本方式。文字可以反复阅读,突破了语言口头传播的时空限制,提高了知识积累的速度和传播范围,有力地促进了人类的文明进步,推动了人类文明水平的不断提高,文字的发明将人类信息的传播方式由口耳相传时代带进了书刻时代。自从有了文字,人类便开始告别蛮荒,开启了文明旅途。

二、媒介的新革命与当代新媒体

当代新媒体建立在计算机信息处理技术、互联网技术、移动通信技术等现代科技基础之上,我们现在讨论研究的"新媒体",从广义上讲,就是指数字信息技术出现以来的一系列新的传播形态和传播体系,包括了由图书、报纸、期刊以及广播、电视等传统媒介衍生出的数字信息传播形态,从狭义上讲,则主要是指以网络为媒介的传播新形态。因此,新媒体既包括以互联网为传播媒介的新兴媒体,也包括以数字化技术从传统媒体中发展衍生出的新型媒体。

新兴媒体是新媒体的典型形态,以网络媒体、移动互联网媒体和互动性电视媒体为代表。它们依托全新的传播技术,以打破传统媒体单向的信息生产方式和传播方式为表现形式,强调受众感受,通过受众的参与和互动,使受众成为内容生产的重要组成部分。

新型媒体则是传统媒体在新技术下催生出的新的表现形式，它是在传统媒体基础上发展而来的，依然沿用了传统媒体的信息传播形态，其生产方式和信息的单向传播特性并未改变，但在信息表现形式、受众定位及信息接收载体上呈现出新的特点，信息质量获得提高，受众定位更加明确，传播范围更为确定，并覆盖了以前传统媒体无法覆盖的区域，如电子书、电子报刊、户外电视、楼宇电视和车载电视等。

综合新兴媒体和新型媒体，新媒体的形态具体可以分为网络媒体、移动媒体、互动性电视媒体及新型媒体群等。

从以互联网为基本技术平台，发展到现在的宽带互联网与移动互联网的共生耦合，正是在广大受众的参与下，新媒体从最初的以网站为中心发展到现在的以受众为中心，从前期的内容服务为主到现在的追求用户价值为根基，在与其他服务业融合的趋势下，新媒体也正朝着人本化、移动化、便捷化的应用模式方向不断扩展。媒体改变了传统媒介的社会分工，改变了传统媒体产业的商业运作方式，改变了大众的社会交往方式，也改变了人们的思维模式和社会组织的结构体系。

互联网打破了地域的概念，使地球成了一个"地球村"。互联网上的每一个节点既是信息的接受者，同时也是信息的发布者。因此，新媒体的研究者们在对新媒体进行定义时，都从不同的层面和角度对新媒体进行了描述。所谓新传媒，或称数字媒体、网络媒体，是建立在计算机信息处理技术和互联网基础之上，发挥传播功能的媒介总和。它除具有报纸、电视、广播等传统媒体的功能外，还具有交互、即时、延展和融合的新特征。互联网用户既是信息的接收者，又是信息的提供和发布者。包括数字化、互联网、发布平台、编辑制作系统、信息集成界面、传播通道和接收终端等要素的网络媒体，已经不仅属于大众媒体的范围，而是全方位立体化地融合大众传播、组织传播和人际传播方式，以有别于传统媒体的功能影响我们的社会生活。

中国人民大学匡文波教授把"数字化"和"互动性"作为新媒体的主要标准。提高信息获取的便捷性和提升整个社会的信息共享水平是人类文明发展的基本需要。在推进文明进步的进程中,在科学技术的推动下,新的传播媒介、新的传播技术和新的传播方式不断涌现,在这一进程中,新媒体的内涵不断得到丰富,外延不断得到扩展,传统媒体也在与新的媒体形态融合中获得新的发展动力,展现出新的发展特点。因此,新媒体的发展不完全是对传统媒体的否定和替代,而是在新的历史条件下,人类传播活动向更高水平迈进的体现。

当代科学技术的迅猛发展,正在深刻地改变着世界,也必将进一步推动新媒体的蓬勃发展。

三、移动互联网是新媒体扩展的枝干

移动互联网是移动通信技术与互联网相融合的产物。移动互联网继承了移动通信随时、随地、随身的便捷性和互联网分享、开放、互动的优势,是整合二者优势的"升级版本",也被人们称作Web3.0。移动互联网是互联网的技术、平台、商业模式和应用与移动通信技术结合并实践的活动的总称。

移动电话的历史起源于20世纪初。世界上第一台无线便携式报话机是在1938年由美国信号工程学实验室发明的,这款产品被命名为SCR-194和195,它体积巨大,非常笨重,重量大约25磅(约11.3千克),支持5英里(约8千米)的通话范围。

随着用户数量的迅速提高,手机应用开始向多样化方向发展,对移动运营商网络接入速度也提出了更高的要求。由于第二代移动通信技术只能提供窄带业务,因此,出现了基于GPRS技术基础上的2.5G技术。网速的提高进一步激活了应用功能的扩展,手机也逐渐从语音平台演化为多功能媒体平台,手机已不再只是简单地作为信息接收终端使用,而是成为用户融入网络、实现网络生活的重要工具。

面对日益增长的应用需要,第三代移动通信技术(3G)进入实用化阶段。第三代移动通信技术是无线通信与互联网等多媒体通信相结合的新一代移动通信系统。与之前的技术相比,3G最大的特点是其超越了手机所依赖的无线通信技术,实现了手机与电脑的融合,使手机成为新的"个人通信终端"。手机的功能充分向多媒体化和信息处理智能化方向发展,成为人们随身携带的"信息中心"。

4G时代的开启以及移动终端设备的进步正在为移动互联网的发展注入巨大能量。4G技术带来的不仅是更快的接入速度，而且是移动通信技术与互联网Web2.0充分融合的产物。它使手机作为"信息"得到充分发挥，使人们不再受上网条件的局限，可以随时随地接入互联网并进行复杂的信息处理和信息传播活动。4G带来的不仅是无处不在的网络环境，它正在深刻地改变着人们的工作方式和生活方式，也正在全面地推动新媒体的进一步发展。

5G时代已经全面到来。5G将满足人们对超高流量密度、超高连接密度以及超高移动性的需求，5G将是物联网快速发展的时代，在大数据技术和人工智能技术的驱动下，手机的随身媒体功能进一步强化，5G时代也给我们带来更加丰富的网络应用和更加便捷的内容分享。

第二节　公共图书馆的基本认识

一、公共图书馆的界定

图书馆作为知识的代名词，它也可以被看作是一个高级有机体，不管是社会哪一个领域的变革，图书馆都随着其变化而有一些大的改观，这种变动是根本的，是具有革命性的，它是对原有模式的一种颠覆。从我国公共图书馆发展的历程来看，它经历了由实体到电子再到复合等多种模式的更迭，其中，遵循"人"的发展诉求，以"人的价值"引领图书馆发展是当下一个新的发展方向[①]。从其发展路径而言，它是以技术为中心到以人为中心的一种巨大变革，彰显出公共图书馆最具特色的智慧功能。

2018年初，《中华人民共和国公共图书馆法》正式颁布。在这部法律中，对公共图书馆的具体内涵做出了明确的界定：

第一，公共图书馆指的是不收取任何费用的、囊括了各种类型的文献资料

---

① 于良芝，邱冠华，许晓霞. 走进普遍均等服务时代：近年来我国公共图书馆服务体系构建研究[J]. 中国图书馆学报，2008，34（3）：31-40.

的，向公众开放检索、查阅等各种服务的重要文化设施。与其他图书馆最大的区别就在于，公共图书馆不是归属于私人的，也不是归属于哪一个部门的，其服务对象应该是全体民众，其最大的特征便在于其公共性。

第二，公共图书馆在建设、运营、后期管理的过程中都紧紧围绕大众诉求，让他们获得精神的享受便是公共图书馆价值的最好展现。

第三，公共图书馆与一般的机构存在极大的差异，我们在对其价值实现程度进行评估时，一个重要的价值尺度就在于其服务的水平到底如何，公益价值实现程度如何，我们最不应该关注的就是利益。

第四，公共图书馆关乎全民，它不是单个人的责任和使命，它是伟大的事业，是丰富全民精神世界的一扇窗口。这部法律的颁布在很大程度上规范了公共图书馆的发展与建设过程，也让学界对其有了更加明确的认知，它有助于进一步推动我国文化事业的多元化、健康化发展，也能够使群众有了更多的阅读选择，保障了他们的阅读权益，是一项利民惠民的优秀举措。

二、公共图书馆的职能

（一）开发信息资源

网络背景下，信息资源的类型更加丰富，信息喷涌现象频频出现，整个信息世界呈现出无序的基本特征，人们要想从中捕捉有用的信息存在极大的困难。图书馆在对入馆的各种资源进行整理时，必须对其进行一定的开发与加工，打造来源明晰、整理有序的信息集合体，这样读者在阅读的时候才会有更大的便利。从资源开发的角度而言，图书馆的开发包括如下三方面：①文献目录的制定、加工以及后期归类，方便对整体进行处理；②全方位检索馆外优质资源，建成专门的收纳库；③电子化、信息化处理，使馆藏文献的仓储更加便捷。

（二）传承发展人类文化

文字的出现对于人类而言具有跨时代的意义，而书籍作为记录文化的重要形式成为传承文明的重要载体。书籍可以详细地记录历史，也可以将那部分最真实的历史展示给世人，这种对于文化的延续是书籍最重要的功能之一。图书馆作为保存珍贵文献的重要区域，它们在文化留存方面发挥的作用是巨大的。伴随信息化的飞速发展，科学技术也以前所未有的速度迈进。珍贵的文献我们需要将其留存下来，然后通过现代化的技术手段来对其进行处理。

1. 传承发展中华优秀传统文化

中华文明的发展历程绵延千年，其内涵深厚。透过各种形式的中华文化，我们能够感受到它对于精神层面的高度追求。中华文化以其独特的内涵气质、悠远的内在品质，多样的外在形式奠定了中华民族最宝贵的品格，它悠远而又有气度，充满神韵，形成了中华民族最鲜明的品质特色，滋养了宝贵的华夏精神，为无数中华儿女的成长奠定了沃土。它是中华民族传承不息、血脉传承的根源，有助于推进全人类文明的共同发展。

中华优秀传统文化是文化铸造的"根基"，是华夏儿女宝贵的精神财富，是我们长期以来形成的最具中华品格的宝贵文化，是中华儿女以豪迈的姿态屹立于世界的豪情，是华夏民族宝贵的精神品质、内在涵养、崇高品德、正确观念以及思维方法，是铸造了华夏儿女顽强不屈、英勇无畏、果敢大义的精神积淀，是成为民族代代相传、久经磨难而更加优秀的时代见证。弘扬优秀传统文化，一方面能够让传统文化重新焕发出其内在的生命力，也能涵养民族品格，形成整个民族的文化自信。这种自信是我们对于自己文化的一种高度认可。

但随着互联网、大数据、智慧化的深入、多元文化的交融，特别是在大数据时代背景下，不同文明、不同文化、不同思潮、不同观点在不同领域的渗透更加深刻，中华优秀传统文化的传承和发展经受着极大考验，面临巨大挑战。图书馆作为收集、保存、传承、发展优秀传统文化的重要场所，有责任有义务传承好、发展好中华民族传统文化，留住中华文化的根，守住民族文化之魂，推动中华优秀传统文化走向世界舞台，服务各国人民。

国家图书馆为弘扬古籍中承载的民族精神，讲好国图典籍故事，传承中华优秀传统文化，联合国家图书馆出版社等单位策划、出版了《中国珍贵典籍史话丛书》《国学基本典籍丛刊》和《国家图书馆善本掌故丛书》。《中国珍贵典籍史话丛书》选择《国家珍贵古籍名录》中收录的蕴含着丰富历史故事的珍贵典籍，用通俗易懂的语言讲述其在编纂、抄刻、流传、收藏过程中的故事，内容涵盖汉文古籍经、史、子、集各部。《国学基本典籍丛刊》是国家图书馆出版社从2016年开始倾力打造的一套丛书，目前，已出版发行13种。《国家图书馆善本掌故丛书》主要选取国家图书馆各类古籍中具有鲜明特色，以书籍、作者、版本、流传故事为主要内容加以介绍。这些丛书的出版对弘扬古籍中承载的民族精神起到了积极作用，具有很高的学术价值和社会价值，对提高公众的传统文化素养、传承中华优秀传统文化具有重大意义。

"我们的传统节日"是桂林图书馆为传承中华优秀传统文化，践行社会主义核心价值观而组织的一项志愿者品牌服务活动。围绕每年的元旦、春节和中秋佳节，从汉民族传统节日到广西少数民族特有节日，桂林图书馆全年开展了丰富多彩的活动。元宵喜乐灯谜会活动、写春联活动、传统文化教育讲座与节日同步开展。同时，桂林图书馆志愿者还积极在活动中普及志愿理念、弘扬志愿精神、倡导全民阅读，为传承中华优秀传统文化，弘扬民族精神，彰显节日文化的魅力起到了积极的作用，在社会上产生了广泛的影响。

2. 继承发扬革命文化

革命文化是孕育于中国共产党人为中国人民谋幸福、为中华民族谋复兴的初心，在长期的革命斗争中创立并形成的、以马克思主义为指导、以革命精神为内核、反映中国革命现实、凝聚共产党人和革命群众独特思想和精神风貌的文化。

公共图书馆是社会主义公共文化服务体系的重要组成部分，是广大读者学习成长的终身学校，必须坚持社会主义先进文化的前进方向，必须弘扬社会主义核心价值观、传播革命文化，必须弘扬主旋律，倡导正能量。

中国国家图书馆是国家总书库、国家书目中心、国家古籍保护中心、国家典籍博物馆。其馆藏面积位居世界图书馆界第三位。在馆藏文献中，有大量的红色文献，特别是《中国共产党章程》和中国共产党中央机关所办的多种机关刊物的收藏较为齐备。从1922年7月中国共产党第二次全国代表大会通过的第一个《中国共产党章程》到后来各个历史时期党的章程，悉数收藏；并且定期专题展出。2015年8月举办的"不朽的长城——纪念中国人民抗日战争暨世界人民反法西斯战争胜利70周年馆藏文献展"，2016年7月举办了"红色记忆——纪念中国共产党成立95周年馆藏文献展",均取得巨大成功。为整理中国现当代重大事件、重要人物专题文献,国家图书馆专题采集了一系列口述史料、影像史料等文献,收集了手稿、信件、照片和实物等文献,于2012年建成中国记忆项目中心。中国记忆项目中心从成立之时起,非常重视红色文化的征集与收藏工作。以东北抗日联军专题资源建设为例,中国记忆项目中心先后在北京、辽宁、湖北、新疆、广东、吉林、黑龙江等7个省区,采集了79位受访人、超过150小时的口述史料,同时,还采集到东北抗联密营、战地影像资料、历史照片、老战士的日记与手稿,以及一批相关实物。在收藏资料的基础上,中国记忆项目中心通过编写口述历史文章,在新华社、中央电视台、人民日报、光明日报、中国文化报等媒体上对东北抗日联军的战斗生活进行报道,引起了极大反响,得到了有关领导和社会各界的高度肯定。

3. 保存和传承地方文化

地方文化是一定区域内历史悠久、特色鲜明、民众崇尚、至今仍发挥作用甚至有较大影响力的文化。它不仅是中华优秀传统文化的组成部分,而且是中华民族的宝贵财富,更是各地社会经济文化发展的标志和品牌。

地方文献是地方文化的载体,是综合反映一个地区政治、经济、文化、历史、地理、风土人情、名胜古迹等重要内容的区域性文献。主要包括地方史料、地方人士著述和地方出版物三部分。地方史料包括当地党政机关、社会团体、学校、企事业单位编撰的反映本地历史、政治、经济、文化等方面的图书、图片、图册、报纸、期刊、音像制品,当地的史志史料包括地方志、部门志、企业志、人物志、风情志、风俗志、影像志、党史、校史、厂史、村史、事业史、大事记等,民间流传的谱录包括家谱、族谱、宗谱等,各种历史文献、古籍图书,当地民间流传的各类民俗景观图片、历史场景图片、金石拓片、书法、绘画作品、歌本、账本、地契,反映当地非物质文化遗产的文字、音像资料,等等。地方人士著述包括当地名人志士的资料(家史、传记、书稿、专著、书信等),当地籍或曾在当地任职、居住、工作的各个时代具有一定影响力的人士著述、日记、信函、传记、字画、回忆录、著作手稿、声像资料,等等。

公共图书馆作为收集、整理、保存文献信息并提供相关服务的法定单位,要充分发挥自己的职能优势和业务优势，切实做好地方文化的传承与发展。

（三）开展社会教育

1. 思想教育

在进行馆藏的过程中，不同的国家会做出差异化指导，它们所遵循的原则也存在极大的差异。新的公共图书馆管理法明确要求，公共图书馆建设应当与时代的政治方向相互一致，要牢牢抓住人民的切身诉求，以正确的价值观为引领，将宝贵的中华传统文化传承下去，弘扬下去。这一项规定的目的就在于引导读者形成对于世界的科学认知，确保自身的阅读需求和国家的建设方向基本一致。对于广大的图书管理人员而言，应该牢记服务人民的标杆，树立崇高的理念。

2. 文化教育

文化教育也是公共图书馆最基本的职能之一，良好的环境是保证学习与阅读效果的根基。阅读区是专门用来阅读的，娱乐区的设施就可以适当丰富一些。在这里，读者可以享受到馆内所提供的各种优质资源和服务功能。公共图书馆不是服务某一个个人的，它更多是为了满足不同群体的诉求，确保他们所享受到的资源都是高质量的、公平的，进而引导他们主动养成终身学习的好习惯。

3. 丰富文化生活

在人们的生活中，文化娱乐是不可或缺的重要模块。图书馆不仅能够让读者从中汲取知识的养分，同时，还能让读者享受一定的文化娱乐服务。比如，人们可以在这里阅读来自世界各地的报刊，也可以观看各种电影，这些都是丰富文化生活的重要途径。

正是因为公共图书馆承担着文化传播等重要的责任和使命，其社会价值也得到了进一步强化。在过去对图书馆的定位方面，我们已经形成了相对一致的看法，强调图书馆在文化交流、信息互通、教育宣传、文化传递、遗产保护以及促进社会健康发展等方面的价值作用。但是，新的时代背景下，图书馆除了具有上述基本职能之外，还必须充分彰显其特色。公共图书馆最大的特征便在于其公益价值，将这一价值发挥到最大才能确保各种信息能够及时、准确地到达需求者那里，公众对信息的诉求才能得到最好的实现，信息鸿沟被高效跨越。图书馆还承担着信息交互的重要职能。当今世界已经成为信息化的世界，每一个领域都被信息化所包裹，公共图书馆应该顺应时代的呼声，通过各种各样的途径有效利用获得的信息，发挥自身的信息交互能力，推进图书馆领域的信息化变革。

三、公共图书馆的主要特性

公共图书馆建设是一项崇高和伟大的事业，其基本目标是为了让所有的公民享受到高质量的服务，使得所有的民众享受公平的待遇。

（一）公益性

我们建设公共图书馆，其实是为了让群众的生活更加多彩，这是对于人们精神世界的丰富，也是对于人的一种尊重。如果我们在其中进行各种各样的商业活动，那么正常的公益活动就会受到影响，这与公益图书馆建设的精神诉求背道而驰，与读者的精神诉求相互背离。

公共图书馆的建设遵循一定的宗旨，其中，最核心的就是关注公共利益。对于我国而言，发展公共图书馆事业的最根本原因就是让人民生活更加丰富多彩，让他们获得精神的洗礼，这也是繁荣文化形式的一种重要途径，我们能够从中看到公共利益的缩影。商业活动和这种公益事业有着最根本的区别，它缺乏对于社会的崇高责任感。公共图书馆应该看到这种最本质的区别，主动防御商业活动对自己可能造成的负面影响，在保护群众利益的基础下从事相关的工作。公共图书馆必须发挥自身的能力，尽可能挖掘出可以利用的一切公共资源，然后把它传承下去，确保所有的读者都能从中获得精神的愉悦，享受到阅读的快乐。广大群众要将公共利益放在第一位，在此规范下进行公共图书馆建设，实现其最大的社会价值。

1. 公益性的内涵

公共图书馆的性质是多重的，它最基本的特征就是公益性。简单来说，它指的是所有阅读者都能够通过各种途径享受到公共单位所提供的各种阅读服务，在这个过程中，不管是哪一个成员都能免费享受相关服务，这也是公共图书馆建设的最根本诉求。

从本质上来说，公共图书馆具有明显的公益性，它也是文化建设的一个重要渠道，所有的文化成果都能通过这一平台得到最完美的展示。同时，它也为群众提供了一个休闲的场地，让人们能够共享文化建设的优秀成果。

《公共图书馆宣言》特别强调："我们不能对开馆的时间进行过多的限制，人们可以根据自己的需要随时进入，不管是哪一个成员都应该能够享受到平等的入馆权限。在这个问题上，所有的成员都是完全平等的，不论他们来自哪一个国家，不论他们讲的是哪一种语言，不管他们的性别、职业、社会地位存在怎样的差异，所有的成员都需要被平等地对待。"这些规定为公共图书馆建设提供了根本的遵循，也是未来公共图书馆建设的标杆。普通的民众也会因此受到最公平的待遇，避免了因为门槛过高而引起的弱势群体的合法权益受损，这样能够使所有民众获得自己需要获取的所有信息，这充分体现出了公共图书馆对民众利益的最大化保护。正是由于公共图书馆的这一特征，图书馆的免费开放程度才会大大提升，我国的公共文化建设才获得了崭新的发展空间，对其下一步的健康发展具有不可替代的关键意义。

2. 坚持公益性对公共图书馆的意义

公共图书馆的一个重要特征就在于它的公益性，因此，不管是哪一个读者都能够被公平的待遇。它的职责之一就是让公共资源被大众所使用，使得社会发展更加稳定，公众权益得到最大化保护。这里的"公众"所强调的是针对大多数人，它更多的是指一个群体。正是因为有了公共图书馆事业的蒸蒸日上，所有的读者才能够获得公平待遇，公共资源价值也才能够因此得到最大化彰显。公共图书馆在建设开始就具有明显的公益特征，在这种思维的影响之下，读者的利益得到最大化保护，公共图书馆事业也随之获得了崭新的发展，迈上了一个新的发展时期。发扬图书馆的公益特征，要求我们将人的价值放在发展的首位，关注读者的合法权益，促进其向着有序健康的轨道持续高效运转。以人为本是图书馆建设的一种重要人文理念，也是我们在工作过程中需要遵循的重要价值准则，是其他工作的基础和前提。公共图书馆要将其最基本的受众读者诉求放在第一位，以高质量的服务为其工作的准绳，让读者的利益得到最大化保护，突出读者反馈的重要价值。从某种程度上而言，读者的反馈也是判断这项事业发展建设情况的一项重要指标。所以，公共图书馆建设过程中应该将读者的口碑作为一个重要的参照标准，它具有明显的现实性。坚持从公益的角度出发来建设图书馆，能够为未来的图书馆建设能力的进一步增强奠定扎实的根基。

第一，发挥图书馆公益价值能够使得公共利益得到最大化保护。近些年来，经济的飞速发展带来了图书馆事业的蒸蒸日上，可以说，经济基础为图书馆发展提供了丰厚的土壤，图书馆的书籍类型也更为多样，图书馆事业在现代化建设的征程上开拓进取，读者从中获得了良好的阅读体验。不过，一些读者的需求具有明显的个性化特征，现有的文献难以满足他们的阅读需求，怎样使馆藏量增大，怎样确保其类型的丰富是各个图书馆需要思考的一个问题。为了应对这一难题，不同图书馆应该加强合作，将各自的优势体现出来。图书馆对于自身应该有明确的定位，和其他图书馆资源互补，进而使所有的资源能够被整合在一起，使得每一个图书馆都形成自己的建设特色与优势。正是因为公共图书馆具有明显的公益性，这样他们各自才能彼此联系在一起，在统一的思维和理念的引领下，树立崇高的责任感，牢牢把握读者的阅读诉求，使得读者能够获得更为多样的体验。

第二，发挥图书馆公益价值能够惠及更多读者。图书馆是全民建设的结晶，它是读者智慧的集中体现，也是所有民众思维的高度凝结，从这个角度而言，它是所有群众利益的体现与凝结。图书馆资源应当为民众共享，每一个群众都有权利享受它所提供的每一项服务。遵循公益性这一基本诉求，社会当中就会多一份公正，读者也有了阅读自己想读书籍的权利。公益图书馆不能设置准入门槛，所有成员都有使用它的权利，都有享受相关服务的权利。正是这种资源共享的宝贵性，使得更多的人员参与到图书馆建设当中，使其受众范围明显扩大。

第三，发挥图书馆公益价值能够确保工作高效开展。图书馆的这一性质也就决定了从业人员思维当中建立起了一种崇高的公共意识。他们会认为自己所从事的工作是为了民众，为了广大民众的诉求能够被最大化满足。这样一来，社会当中就会多了一分美好，多了一丝温情，读者的利益也才能被保护。这种崇高的责任感和使命感会激发他们对于工作的奉献精神，他们能够从自己的工作中感受到快乐，也会真诚地对待读者，读者也会不自觉参与其中，图书馆的各项工作运转就会更为高效。社会的认可、读者的信赖都会成为他们提升服务质量的动力源泉，在这一动力驱使下，图书馆建设就会更加具有活力。各个图书馆才会去思考自己的出路以及创新的方向，工作业绩自然获得大幅提升。

第四，发挥图书馆公益价值能够和读者构筑和谐的关系。要想与读者保持一种和谐的关系，就需要我们以一种平等的态度对待他们。对于图书馆来说，它们所面对的是广大的读者，要对这种关系有一种明确的认知，才能更好地建设各种文献资源。读者对自身的诉求更为满足，他们在各种公共活动中具有更大的话语权。此外，图书馆需要结合读者的诉求进行各种服务的建设，优化传统的模式，提升服务的质量和水平，这是图书馆的重要使命。拓宽交流渠道，读者在图书馆建设中参与度提升，就会对图书馆建设以及服务提出建议，图书馆才会针对这些反馈做出较好的改进，服务才会更加具有针对性。

（二）基本性

1. 基本性的内涵

基本性指的是在建设图书馆的过程中，要确保每一个成员都能够享受到基本的读书权利。就科学的角度而言，文化应该具有极强的包容性，它应该被所有的人公平享有，读书亦是如此。假如这一特性有所缺失，一些人就无法正常去读书，去受教育，去享受相应的文化成果。从更深层面分析，没有读书的权利，其实就意味着没有获得公平的待遇，文化就缺乏其该有的公平性。在构建科学化、高效化、完美化的公共文化机制过程中，要将基本性作为一个重要的特性予以对待。

简单来说，就是每一个老百姓都能够参与阅读，进行学习。政府在其中应该为百姓提供更加多元的阅读方式，书籍、报刊、电子文献都应该成为公共资源的重要呈现途径。从文化权利的角度而言，读书是每一个人应当具有的一项最基本的权利。如果连最基本的权利都无法保障，就意味着一些部门不作为。面对文化资源分配的日益失衡，只有一小部分人能够听交响乐、欣赏歌剧。然而，我们需要切实保障居民读书的权利，这是公共图书馆的基本任务。

2. 公共图书馆基本性的内容

（1）覆盖率。人人共享的图书馆需要有相应的资源作为保障，而最基本的实现途径就是建设更多数量的图书馆，保障覆盖率，这样才能使人们的资源利用更加便捷。我国采用的省级划分的形式，要求全部省份基本应该做到全面覆盖。然而，虽然覆盖率较高，但是数量不足的问题依然十分明显。在未来，城市范围的不断扩张势必会带来图书馆的相对短缺，我们需要不断加强建设，满足群众的文化需求。

（2）规定最低藏量。只有图书馆的书籍藏量足够高，服务水平才能跟得上。藏量是我们判断区域文化水平的一项基本指标。按照国际对于人均藏量的基本要求，通常是每人不低于 2.5 册。而一些图书馆由于建成时间较短，因此，国际的基本规定是每人不低于 1 册，然后逐年提升。《公共图书馆建设标准》中还明确指出，我们应该持续推进藏量提升，力争在未来的 10 年内，达成人均 1.5 册的基本标准。

（3）完善图书设施。最近这几年，公共服务的优化与改善逐渐为大众所关注，均等化发展十分迅速，大多数县城都不断建设县级文化馆，满足群众对于文化发展的多元化需求。然而，综合来看，我国图书馆建设存在明显的短板，设施类型较为单一，特别是一些偏远地区的图书馆设备更新的周期较长，场地面积严重不足，设备老化问题十分明显。这与当下图书馆发展的诉求是相互背离的。就所占面积而言，大多数图书馆所占面积与国家规定的标准不相吻合，很难满足图书馆规模化建设的需求。

为了真正贯彻落实公共服务的思维和理念，国家专门针对公共服务的相关细则制订了一系列的规划，还明确了最低的标准。打造出了以公共服务质量提升为诉求的，满足服务多元化建设发展方向的多种模式。此外，还特别强调有经济基础的地区建设更加多元的、质量更好的服务机制，不过，这部分资金由当地政府来买单。2018 年以来，我国颁布了多项针对公共图书馆的建设性法规，其根本的目的就是让公民的权益得到保护。

（三）便利性

1. 便利性的内涵

便捷性指的是让读者在阅读的过程中能够以更快、更简单的方式享受到图书馆所提供的各项服务，让读者不再忍受等待的痛苦。《图书馆用地标准》明确要求必须将便利性作为图书馆建设的一项重要准则。例如，在进行布局的过程中，要选择合理的位置来建设图书馆，通常所选择的是城市的核心区域，这里的人流量较大，具有良好的交通条件，周边配套设施十分完善，公交也十分便捷。同时，还抛出了服务半径这一基本理论，按照图书馆规模的差异来确定相应的指标。一般而言，规模较大的图书馆需要保持在骑行一个小时的范围内达到目的地；规模中等的图书馆需要保持在半个小时的范围内到达目的地；规模较小的图书馆需要保持在20分钟的范围内到达目的地。这就使得读者能够合理安排自己的时间，这是服务半径的价值所在，图书馆的价值也被充分体现了出来。标准还特别强调，图书馆扩建是一个常见的事情，扩建不应该改变原有土地的性质，在原有土地的基础上进行公益活动，满足读者的阅读需求，这样所打造的服务机制才更加完善与健全。图书馆要将便利性作为一个重要的考核指标，通过多元化途径，有创意、有目的地引导读者从中获得满足感，真正营造服务至上的氛围，让便利性成为图书馆建设的重要原则。

2. 公共图书馆便利性实现的要求

第一，在确定馆舍的位置时，要充分考虑读者的便利。面对网络技术的高度发展，图书馆的距离早已经不是一个难题。然而，我们能否在较短的时间内到达图书馆仍然引起了众多读者的思索。网络图书馆和实体图书馆之间有着明显的差异，实体图书馆能够让我们在学习的氛围中感受到优雅、知性，这是网络所无法取代的。网络虽然具有极大的便捷化特征，但是它存在天然的缺陷，也不可能将所有的实体图书馆取代。人们渴望到图书馆汲取知识，那么图书馆的便捷性就尤为重要。

第二，要强化资源组织的力度，让读者享受便捷。如果要对图书馆的文献单元进行一定的划分，那么需要将图书馆作为信息组织的关键与核心。在进行组织的过程中应该做到：一是确保所搜集的信息类型全面、内容全面；二是在组织资源的过程中，要将读者放在重要的角度来予以考量，结合他们的需求来实施多样化组织。具体而言，要考虑物力要素，结合载体的特征进行科学的安排。做到这一步之后，读者在定位和寻找各种资源时就会更加便利，时空的限制被极大地突破。可以从以下三方面着手实施：①尽量让书库的开间比一般的区域大一些，阅览室格局应该与书库保持一致。同时，要将二者的距离尽可能缩短，这样的格局便于读者进行阅读走动。②借阅的过程中要使用开架模式。③对于新入库的书籍，要将它们放在专门的书架上，按照入库的次序进行编码。同时，要配备专门化的检索机制，使得馆藏图书在寻找时消耗时间更短，尽可能实现"一键检索"的目的。在衡量一个检索系统是不是方便实用时，有一定的检测标准，应该结合相应的标准进行系统设置。常常使用的数据是"检全率"和"检准率"。这有助于得出准确的结果，但是在使用的过程中却十分费力。读者可能会因为一个系统的费力而选择不去使用它，这是影响读者对一个系统科学评价的重要因素。因此，检索系统需要考虑多方面的要素，不仅要强调结果的准确性，还要考虑过程的便捷性。同时，还应该充分考虑对电脑不熟练的人在操作检索系统时的便捷性，要让所有的人对这个系统都运用自如。这样的数字图书馆才更具魅力，为读者检索提供了极大的便利。

第三，服务设施要方便读者。服务设施最根本的作用是让读者获得便利，首先，要优化内部格局，充分考虑内部陈设的科学性。日本的一些图书馆在这一方面就做得特别优秀，不断完善基础设施建设，从各个方面来进行考虑，采用了大开间的基本模式，中间的隔断设置相当自然。不管是哪一个阅览区域，中间的隔断都是十分低矮的，我们漫步在图书馆的走廊内，就能够对每一个部分的陈设了如指掌，给人一种十分通透的感觉，营造出一种书和人相互间隔的完美意境；其次，还应该特别注意到，图书馆当中的部分人群属于弱势，我们要充分考虑他们的便捷性。日本在阅览室内专门设置了儿童阅览区域，这一个区域内的所有桌椅都比其他区域内的桌椅低得多，儿童阅读时才会更加舒适。此外，图书馆还为残疾人设置了特殊通道，为他们提供特殊服务，比如，阅览区域设置到距离门口较近的地方，为他们提供专门的厕所，也可以在电梯较矮的地方为他们设置触摸按键，方便他们独自出行，这种人性化的设置，让他们备感温暖。

第四，服务方式要方便读者。就内容的选择而言，要尽可能使读者较快接受。同时，还要从小处着手。在居民密集的区域内，可以设置一些街区分馆。这样一来，读者但凡有需求，都可以在第一时间去查找资料。以美国纽约为例，仅皇后区这一个区域内的分馆数量就已经超过了60个，在图书馆办理了借阅证的人员多达总人口的二分之一。奥尔博这个城市的人口数量相对较少，但是它也十分重视分馆建设，近些年来建成的分馆数量多达10余所。同时，还有规模化的流动图书馆往来于城市之间，方便了幼儿、残疾人、老年人的阅读。

　　读者需求是否满足，一个重要的考量就是读者的阅读是否受到了限制。日本就在阅读方面放宽了限制，每一个人无须持有证件就可以自由进入阅览室，可以按照自己的喜好随意借阅书刊。同时，各种音频资料、电子资料的阅览也不需要办理手续，需要外借时，持有自己的借阅卡就可以完成；借书证的办理也是十分简单的，读者持自己的有效证件或者学生证就可以在短短几分钟内完成办理。

　　要从细节处着手，为读者提供便捷。日本的大多数图书馆都专门在馆外放置了一个区域，读者可以在闭馆期间将自己所借阅的图书放在这一区域内，工作人员在开馆期间会第一时间进行还书办理，读者无须反复奔波于还书的路上；大阪的图书借阅在细节方面更可谓是做到了极致，在城市所有的分馆内，读者可以选择就近的分馆还书，无须再到借阅书籍的地方归还。

　　为读者考虑，不少图书馆还选择了多种多样的服务选择。美国洛杉矶在服务方式方面可以说是做到了极致。在走进洛杉矶图书馆的第一时间，能够看到这样一段意味深长的文字："图书馆是精神陶冶的圣地，不管您的身份如何，不管您通过阅读想要实现怎样的目标。您都可以畅游在图书馆的海洋中，解答生活当中遇到的各种疑惑。您的生活顺心吗？您还有哪些工作需要获得外界的帮助？您生活的社区周边配套设施完善吗？您需要掌握另一门语言吗？图书馆可以满足您的上述需求。如果您长期不在家乡，想要对家乡有所了解，图书馆各种各样的报刊为您提供了走进家乡的一扇窗。"

（四）均等性

1. 均等性的内涵

　　均等化是未来图书馆建设的一个基本目标，也就是要让所有的人能够被公平对待，享受到平等服务。公共图书馆建设是一项重要的公益事业与公益文化，因此，每一个人都有权利享受到其中的每一个项目。均等性是全方位、宽领域的，它不仅强调的是不同国籍之间的均等，更针对不同性别、工作、社会群体提出了均等化的目标，要对所有的人一视同仁，不能加以区分。要让公民能够接触到各种类型的资源、享受阅读的快乐，让服务得到所有人的认可，这是图书馆建设的根本目标。

2. 公共图书馆均等性服务的实现途径

首先，要在财政方面给予公益事业发展必要的支持。所有公益性的事业都是免费的，图书馆也是如此，它所提供的资源是无偿的。从中我们能够清晰地看出政府对于广大民众的真心关爱，这也充分体现出政府对于文化建设的高度重视。政府要在公益事业建设方面加大资金投入，真正实现事权和财权二者之间的矛盾现状，让基层能够享受到更好的经济支撑，实现经济投入真正向基层靠拢。不管是建设哪一级别的公共图书馆，当地政府都应该承担起总体规划设计的重担，将资金分配到各个项目当中。同时，还要为基层图书馆的系列建设工作提供必要的资金支持，包括基层图书馆建设、从业人员的专业技能培训、阅览室规划与设计、基层图书馆设备引进以及项目管理等。

其次，将多元化资源整合在一起，构筑完善的资源建设机制。不同的情报部门要严格合作规范，让高校以及相关部门能够参与到合作当中，推动公共图书馆能够拥有更加完善的资源获得渠道。要针对各种各样的图书馆进行明确定位，将它们各自的优势整合梳理出来，最终汲取别家优势，建立属于自己的资料分析库。此外，要紧紧围绕服务功能进行相关建设，使服务更加多元，特色专业更加突出，进而使得公共图书馆能够成为未来拉动经济发展的强大动力，进而为繁荣当地文化做出杰出的贡献。

最后，要遵循人的重要价值，强调人与人之间的绝对均等。图书馆工作人员的使命就是更好地满足读者的多元化需求。图书馆应该充分认识到这一点，将读者的诉求放在发展的首位。在某种程度上来说，图书馆职能能否得到高效发挥受到服务质量的直接影响。工作人员必须更新自我的服务观念，按照不同读者在心理诉求、知识体系、个体行为以及心理特色等方面的特征，构建适合读者的服务体系。真正去考虑读者的自我特色，确保自己所提供的服务是高质量、仔细、周到的，这才真正体现出图书馆对于人的价值的充分强调，在和读者双向交互的过程中收获平等、关爱与幸福。

第三节　新媒体时代对公共图书馆的影响

公共图书馆肩负着保存人类文化遗传、从事社会教育、传递科学情报、开发智力资源的基本职能。是民众理想的读书、学习场所，是满足人们不断增长的阅读需求的基本手段。它可以通过对读者阅读行为的组织和管理，使阅读效率实现最大化，从而使终身学习、全民阅读成为我们的一种习惯和风尚，这是图书馆开展阅读教育工作的根本目的。新媒体环境下，随着大众阅读方式的嬗变，使图书馆的服务职能发生变革，与传统的文献信息服务相比，具有更广泛的服务范围，更多样的服务方式。

一、服务对象的社会化

新媒体时代，随着公共图书馆的全面免费开放，图书馆从服务固有的读者，逐步扩展为服务社会大众，具有十分鲜明的社会化特点。公共图书馆面向社会开发信息产品，提供信息咨询、定题定向服务等。这种信息服务延伸了图书馆的服务职能，使图书馆的服务对象实现社会化。

二、服务内容的精品化与多样化

新媒体环境下，文献信息资源的结构发生了重要变化，图书馆赖以提供的信息资源具有类型多、跨时空、跨行业、语种多、非规范等多样化特点，文本、数据、图像、音频、视频等形式应有尽有，信息资源的选择也呈现出复杂性与多样性。读者利用信息的深度不断加深，不再满足一般性服务，也不像以往那样关心信息资料量的问题，而是要求提供"快、精、新、全"的服务。这些都使公共图书馆服务内容趋向精品化、多样化，服务质量趋向更优化。

三、服务体系的网络化与共享化

新媒体环境下，随着信息资源的数字化、传输的网络化以及技术标准和运行规划的统一，公共图书馆的阅读服务不再局限于馆际互借的传统模式，而是通过信息传输网络和以计算机为核心的现代信息工具，向读者提供数字化的书目信息、文摘信息乃至全文信息。网上的信息资源大部分都是公开免费的，为所有网络读者共享。数字时代实现了资源共享的目标，数字媒体的出现更是扩大和加速了信息流通与共享的范围，使各省区市的公共图书馆由"单体"变为"组合"，使各馆的"独享"信息变为"共享"信息。

四、服务模式的便捷化

新媒体环境下，我国多数公共图书馆实现了内部局域网管理，服务手段也实现了自动化，自动化范围将在采访、编目、流通等业务环节和工作程序上充分利用计算机技术、办公自动化技术、多媒体技术、光盘技术、软件技术等，将捕捉到的新信息随时进行加工整理和传递，实行了现代化信息管理。

第四节　新媒体时代公共图书馆的宣传与推广

近年来，国家十分重视社会文化事业的发展，尤其加大了公共文化服务体系建设方面的投入。自 2011 年起，全国的公共图书馆相继免费开放，公共图书馆也开始被社会大众关注。随着新媒体技术的飞速发展，便携移动终端越来越普及，越来越多的人群开始关注和使用公共图书馆的服务。但是新媒体技术环境下，社会大众获取信息的渠道和阅读的方式也越来越多样化，这对公共图书馆宣传推广工作提出了更高的要求。目前，一些公共图书馆的发展状况十分堪忧，读者的持证率、到馆率和利用率都比较低。究其原因还是图书馆的宣传工作不到位，只有加强公共图书馆的宣传推广，才能加深社会大众对公共图书馆的认识，才能实现公共图书馆社会教育的目标，提高社会大众的文化素质。

一、公共图书馆宣传推广工作

简单来说，宣传推广就是一项让广大读者了解公共图书馆，让公共图书馆能够完成使命的宣传工作。其具体内容是指，通过一定的宣传推广形式，让公共图书馆的形象深入人们的脑海，对公共图书馆有一个立体全面的认知。了解公共图书馆该做什么、拥有什么、能做什么，以此吸引更多读者进入图书馆，将图书馆"用"起来，从而提升图书馆的资源利用率，扩大知识的传播范围，充实人们的生活内容。

（一）公共图书馆宣传推广的现状

中国互联网中心公布的数据显示，截至2022年6月，我国的网络用户为10.51亿，互联网普及率达74.4%，且呈稳定增长状态。该数据表明，利用互联网进行信息资源获取已逐渐成为主流。在此种形势下，公共图书馆的媒介宣传推广工作滞后，且公共图书馆之间的相互差异也较大。主要问题在于，相关人员没有意识到加强宣传的重要性，宣传方式缺乏多样性，互动性不强，没有吸引新人群，宣传效率不高、效果不好，公共图书馆的现有资源无法满足人民日益增长的信息需求。

然而，现在许多公共图书馆的宣传推广工作并未得到应有的重视，许多馆内相关宣传人员对待宣传推广工作常抱着敷衍了事的态度，宣传难见成效。另外，许多公共图书馆没有跟上时代的步伐，依旧局限于传统的宣传方式，如印发传单、实地展台等，宣传效果较差，范围较小。此外，仍有公共图书馆开放时间多为工作日的白天，受众局限于闲散人群，如老人、小孩，而难以满足白天需要工作的群体。新时代，要想推动公共图书馆的宣传推广工作，必须结合新媒体进行宣传方式创新，才能改变公共图书馆的现状。

（二）公共图书馆宣传推广目标及内容

公共图书馆的宣传推广工作主要有两个目标：一是让社会大众对公共图书馆的功能和价值有个清晰的认识；二是促进公共图书馆事业的发展，让图书馆更好地服务于文化和民生。

公共图书馆宣传推广的内容要包括图书馆的功能与作用的宣传和推广、图书馆的资源与服务的宣传和推广、图书馆各种活动的宣传和推广，以及图书馆形象的宣传和推广等，要积极地扩大公共图书馆的影响力，提升公共图书馆的社会地位。而目前公共图书馆在宣传推广方面还存在很多问题，尤其是新媒体技术环境下，对图书馆的宣传推广工作提出了更高的要求。传统的推广方式如问卷调查、发传单等不能适应社会的发展需求，图书馆宣传推广岗位工作人员的业务水平也比较有限，不能很好地利用新媒体技术的优势来提升宣传推广工作的效率。

二、公共图书馆宣传与推广的意义

做好公共图书馆宣传推广工作具有十分重要的意义。在网络时代下，人们对于图书馆馆藏资源的使用也出现了新的变化。为了满足新时期发展需求，图书馆也开通了免费无线网络，在这种情况下，有很多读者进入图书馆并不是为了看书，而是利用图书馆的无线网络进行上网，很少利用图书馆的图书资源来学习知识。在实际中，依然很多读者认为图书馆只有传统的纸质图书资源，并不知道公共图书馆还有数字资源。在这种情况下，全面加强公共图书馆的宣传推广，可以让更多的群众熟悉公共图书馆的现实情况，能推动全民阅读的良好氛围形成，这不仅能最大限度地发挥出公共图书馆的作用，同时，也能有效促进公共图书馆的良好发展。

（一）利于发挥社会职能

众所周知，媒体是舆论引导者，公共图书馆应合理利用各新媒体进行公关，能够为图书馆发展营造良好外部舆论，让广大公众与社会组织加强对公共图书馆发展的支持与关注，还能利用媒体宣传与解读公共图书馆工作内容和服务，促进公共图书馆社会职能的发挥。

（二）利于塑造社会形象

公共图书馆不能仅追求影响力的提高，还应当保证自身正面社会形象，获得公众的赞许与认同，才是图书馆努力的目标。而此过程中，图书馆可借助媒体宣传营造良好社会形象，扩大自身影响力，这需要以图书馆为读者长期提供专业、高效、优质服务，以建立良好的图书馆形象。图书馆自身也需要长期努力，对媒体也需要长期依存，方能达到良好效果。

（三）利于增强社会影响力

现阶段，媒体融合成为一种发展趋势，为将公共图书馆影响力提高，则必须做好媒体公关推广工作。而媒体作为传播信息的媒介，拥有塑造品牌的效用，尤其是在融媒时代下，此功能被进一步放大，通过媒体有效塑造图书馆服务品牌。在媒体传播下，可凸显图书馆服务创新的效果，加深其品牌影响力，扩大图书馆的社会效应，从而提高图书馆的竞争力。

（四）利于做好公共图书馆公关工作

1. 设置公关机构

公共图书馆管理中，公关活动已经成为重点内容，受到了图书馆的重视。所以，需要设置媒体公关机构及新闻发言人，构建新闻发言人则是公关活动的重要策略，可借鉴政府机构模式设置此制度，构建图书馆、公众与媒体之间的互动平台，避免危机事件损害图书馆声誉，同时保证公众知情权。

2. 强化与媒体互动

公共图书馆应当采取请进来、走出去的方式。在请进来中，定期邀请记者、总编等召开座谈会，在每年春节前，举行联谊会、茶话会等，总结媒体宣传经验，明确下一年对外宣传重点；在走出去中，邀请媒体座谈、参观，以加强两者之间的互动交流。

3. 善于捕捉新闻

公共图书馆应当具备善于发现和捕捉新闻的能力，方能有声有色地做好图书馆宣传工作，否则将失去媒体公关的意义。在此种情况下，要借助媒体影响力，加强图书馆宣传。在捕捉新闻的过程中，不仅是等待宣传机会，也要做到主动创造机会，注意捕捉新闻并不是无中生有，而是捕捉有亮点、真实的人与事，以吸引、打动公众，引导社会舆论。如：成都图书馆在服务创新中，与《成都日报》联系，宣传成都图书馆新建设的"阅读空间""24小时街区自助图书馆""身份证一卡通""承办国学经典诵读"等活动，获得了广大市民的认可，活动中主动策划和安排了媒体公关,有效提高了宣传效果。

4. 做好危机管理准备

公共图书馆相关的报道一直以来都以"正面形象"为主要内容,但其属于公共场所,面向广大群众,不可避免会遇到危机事件或突发事件等情况,尤其是信息时代下,信息传播更加迅速,如若处理不当将会对图书馆社会形象造成严重影响。所以,公共图书馆应当提高自身危机事件意识,做好危机管理的准备,提升应对危机公关的能力。事后要及时做好补救措施,认真总结经验教训,妥善处理负面报道,避免再次发生类似事件。

三、公共图书馆宣传推广工作薄弱的原因及加强对策

(一) 公共图书馆宣传推广工作薄弱的原因

第一,宣传意识薄弱。公共图书馆是非营利性质的机构,缺乏竞争意识,没有感受到自己正在与时代脱轨,与新时代渐行渐远。对于宣传推广工作,常被当作是"不需要""没必要"的工作,抱着只需要完成图书馆分内工作就万事大吉的想法,以致宣传推广工作成为可有可无的存在,因此,公共图书馆的宣传推广滞后,难以开展,即便存在一定的宣传,也是小范围的走形式,效果不理想。

第二,没有明确目标和宣传推广策划。因为缺乏对公共图书馆宣传推广工作的重要性认知,在进行宣传推广工作时没有明确的目标,没有找准自身的定位,也没有制定系统的宣传策划。只是机械地给受众罗列出图书馆的资源、服务情况,没有将自身特色充分展示,宣传缺乏吸引力与影响。另外,"漫无目的"式的宣传推广只是单纯地将图书馆所拥有的展示出来,没有贴合受众需求,也无法激发读者的兴趣,缺乏参与感的宣传推广对读者来说是毫无吸引力的。此外,在进行宣传推广时,缺乏系统的计划,"想到什么做什么"式的宣传很难形成连锁效应,且多会进行重复无用的工作,达不到良好的宣传效果。

第三,未与读者建立联系,缺乏互动性。要想吸引并留住读者,必须与读者进行互动,维系读者的参与热情。但现实中的公共图书馆宣传推广工作多是程序式服务,没有主动去发掘读者需求,更不要说对读者的需求进行分门别类。在这

个过程中，读者只能够被动接受，难以参与其中。针对性与互动性是现有公共图书馆普遍存在的问题，"坐等"读者进入图书馆的时代已经过去了，要进入将图书馆"搬到"读者身边的时代。

第四，宣传推广的应用不够深入、浮于表面。新媒体技术在公共图书馆服务中的应用不够深入、浮于表面，并不能促进公共图书馆更好地服务于群众。目前，新媒体技术在图书馆服务中的应用主要集中在三个方面：一是数据库刊物检索；二是读秀、超星等电子资料的阅读；三是移动图书馆和多媒体的应用。虽然大多数的公共图书馆的服务都运用了以上技术，但是很多功能只是形同虚设，用户对于相关服务的具体操作以及使用流程都知之甚少，并不能真正地体验到这些技术的功能优势。以图书馆微信公众号为例，大多数图书馆都开通了微信公众号，用户可以在公众号进行书目检索和查询借阅信息，也可以接受图书馆推送的相关新闻动态，这样的设置可以提升手机客户端的使用率。但是在实际操作过程中，大多数图书馆公众号推送的文章更新速度过于缓慢、推送的文章也缺乏新意，并且与用户的交流过少，工作人员对于用户的疑问回复不及时甚至不回复，长此以往用户就会减少对图书馆公众号的关注，造成资源的浪费。

第五，宣传工作缺乏连续性。随着"全民阅读"浪潮的兴起，我国各地区公共图书馆如火如荼地都开展了推广宣传工作，许多公共图书馆在活动开展的初期投入了大量的人力物力，然而却没有树立长远的战略目标，导致许多活动推行了一段时间之后就陷入停滞的工作状态，广大读者得不到良好的阅读体验，公共图书馆推广阅读宣传工作半途而废，无法取得实际的文化传播效果。

（二）公共图书馆宣传推广工作的加强对策

1. 积极转变思维，提升意识

现阶段，要推动公共图书馆事业发展，必须进行思维转变，不能继续做"无欲无求"的公益人，要加强宣传推广意识，形成竞争意识。公共图书馆要想提高自身影响力，必须以内容实力做基础，宣传推广为助力。若是没有做好自身的宣传推广工作，难以在众多公共图书馆以及网络资源中脱颖而出，为群众服务也只是无稽之谈。因此，提升各公共图书馆宣传推广意识至关重要，这是使公共图书馆重新散发魅力的关键。提升宣传推广意识的同时要明确宣传对象。在公共图书馆宣传推广活动中，为了提高其有效性，就需要进一步明确宣传推广的主要对象，以此减少该项工作的盲目性，促进公共图书馆宣传推广效果的提升。具体来说，公共图书馆的宣传推广对象主要分为两种情况：一种是社会公众；另一种则是政府部门工作人员。对于社会公众宣传，其主要目的让社会公众可以意识到公共图书馆的改变，可以积极地到图书馆进行阅读，以此强化公共图书馆的社会服务功能。在宣传推广内容上，要着重推广图书馆的馆藏资源、空间陈列、服务方式，等等。公共图书馆对政府部门进行宣传推广的主要目的是让政府部门能更加全面地了解到当前公共图书馆的发展状况，把握公共图书馆的实际需求，以此获取政府部门的支持。此外，政府部门也可以因此了解到公共图书馆的服务内容、服务方式，能更加合理地应用公共图书馆资源。

2. 科学制定宣传推广策略

公共图书馆开展宣传推广工作的首要任务是认清自身发展的战略定位，公共图书馆应通过调查研究等方式深入了解广大读者的文化需求，结合读者的年龄结构和兴趣爱好制订科学合理的推广宣传方案，并在现实推广过程中根据国情民意不断进行调整，以服务读者需求、改善社会阅读风气为目标，进一步增强开展推广宣传工作的实效。

第一，借助宣传片实现公共图书馆宣传。在互联网时代下，公共图书馆可以根据自身的现实情况，制作相应的宣传短片，对其进行宣传推广活动。图书馆可以通过LED显示屏，播放宣传短片，对图书馆的服务内容、空间布局等进行宣传推广，打造"阅读丰富生活、智慧推动发展"的文化氛围，以此提升公共图书馆在社会的影响力。例如，成都市双流区图书馆加强与当地公交公司、汽运公司的合作，在公交汽车、客运汽车的电视上播放公共图书馆的宣传短片，以此增强其推广宣传效果。

第二，借助电视平台进行宣传推广。公共图书馆在进行宣传推广时，通过公益广告、特别节目等方式，会在很大程度上加深人们的认知。在实际中，公共图书馆还可以加强与电视台的合作，一方面可以与电视台共同打造关于图书类的特别节目，借助电视节目来提升群众对于图书馆的认知；另一方面公共图书馆还可以通过公益广告的形式，在电视台播放出来，这样可以在很大程度上提高公共图书馆的宣传范围，提高其宣传推广效果。

第三，通过报纸杂志及户外媒介进行宣传。在实际中，报纸、杂志等虽然在公共图书馆宣传上没有电视宣传那么形象、生动，但是公共图书馆却可以在报纸、杂志上刊登一些与公共图书馆服务相关的内容，如公益讲座、图书沙龙等。公共图书馆可以通过当地的一些报刊进行宣传活动，让更多的人群了解到公共图书馆状况，满足公共图书馆发展需求。在实践中公共图书馆还可以通过户外媒介进行宣传推广，借助公共场所的广告牌开展宣传推广活动，能在很大程度上提高受众对于公共图书馆的了解。在现代城市中，经常可以看到各种霓虹灯广告、巨幅路牌等，成都市双流区图书馆可以在地段比较好、人口比较密集的区域，通过路牌广告开展宣传推广活动。如在地铁站的排队候车区域，设置相应的广告牌进行公共图书馆宣传推广。在地铁内部也可以进行宣传推广，甚至可以在地铁中陈列相应的书籍，以此提高宣传推广效果。

第四，通过互联网进行宣传推广。在网络时代下，公共图书馆还应该积极地利用互联网手段开展宣传推广活动，借助图书馆官网、微博、微信等平台实现宣传推广。在图书馆的官方网站中，可以设置图书资源、图书馆服务、读者互动、图书专题等栏目，让读者可以更加全面地了解图书馆信息。同时在图书馆服务栏目中，还可以设置多元文化、图书咨询、创意服务、在线阅读等各种栏目，满足读者的个性化阅读需求。通过网络宣传推广，能让读者不受时间、地点等因素限制，了解到图书馆的信息，而图书馆工作人员也可以更快地回答读者的问题。图书馆借助微信、微博等平台，可以发布宣传图书馆的特色服务、节假日开放情况、品牌活动等，极大地提高了图书馆的宣传推广效果，促进了社会大众对于公共图书馆的了解，这对于公共图书馆的良好发展有很大帮助。

3. 加大宣传推广力度

针对当前部分群众对于公共图书馆地理位置及功能了解程度较低的现状，公共图书馆可以通过分发宣传手册、刊登广告等方式向群众普及公共图书馆丰富的馆藏资源与便捷的图书借阅程序，提高当地居民对于公共图书馆的使用兴趣。同时可以结合新型媒介的应用进一步加大宣传的频次和力度，通过建立公共图书馆官方网站和微信公众号的形式，定期向广大使用者人群更新馆藏图书信息，方便当地居民掌握公共图书馆的最新消息与活动开展情况，从而起到调动普通群众参与推广阅读宣传工作的兴趣。

4. 塑造特色形象

当今社会，图书馆已不再稀有，人们想获取资源的途径也不再单一。在此种形势下，公共图书馆想要被读者选择，就必须使自己独具特色，要有特殊魅力。例如，在馆内风格设计时，别具一格，吸引读者来"打卡拍照"；另外，个性化服务也是吸引读者的好方式。在全媒体时代下，利用传统的方式进行图书馆介绍依旧不可抛弃，但在此基础上，公共图书馆要形成自身的核心文化，如塑造文化品牌、打造馆内故事等。拥有丰满、立体形象的公共图书馆才能够让读者感兴趣。近年来，"图书馆微电影""图书馆故事"等活动都得到了较好的反馈，可以成为众多图书馆宣传推广工作的参考。

5. 媒体融合，宣传创新

处于全媒体时代，不能一味守旧，选择单一的宣传方式，要将多种媒体形式结合起来，融合发展，使宣传推广的途径更加多样化，从而扩大宣传推广的范围，让公共图书馆焕发新生。网络是现今社会的潮流，其具有互动性强、能够实时交流、传播迅速等优点，若是能够将传统媒体与之结合来宣传推广公共图书馆，则能使公共图书馆快速重回大众视野。例如，可以进行图书馆内情况实时直播，让读者能直观地感受图书馆的建筑魅力。另外，还可以开展线上读书活动，让被时间束缚的人群也能参与其中。

在宣传推广过程中，公共图书馆应当利用媒体时代下的各种技术平台，与电视台、报社等新闻媒体保持联系，充分利用图书馆阵地，在橱窗、服务窗口等地方张贴宣传海报、放置宣传资料，通过为读者热心讲解让其对图书馆有所了解。同时，还应当利用图书馆网站平台，在栏目设置中考虑读者需求，凸显图书馆特色，包含概况介绍、用户服务、馆藏书目、最新动态、读者指南、电子服务、网络导航、特色馆藏等，添加用户定制功能，利用智能软件或电子邮件实现信息推送。用户则可依据自身需求选择页面风格、特色资源及内容组合，构成定制图书馆网页。另外，公共图书馆还应当借助微信平台、公益广告等拓宽宣传渠道，制作小视频投放到互联网上,以营造书香氛围,契合读者需求,从而易于传播推广。

6. 重视互动性和体验性

在全媒体时代,互动性和体验性是用户关注的重点,也是媒介宣传推广工作的趋势。公共图书馆在进行宣传推广工作时,要加入互动性设计体验,使读者产生兴趣。增强互动性与体验性可以从以下两个方面入手:其一,要建立更多与读者沟通的途径,了解读者需求,加强针对性,制定个性化服务,吸引读者目光;其二,在服务方式上,要进行创新,改变"馆内专有宣传推广人员"的想法,邀请读者参与到公共图书馆的宣传推广活动中来,使读者在获取体验感的同时,了解图书馆的情况,从而提升图书馆资源利用率。在新的时代,移动媒体盛行,智能化设备眼花缭乱的功能吸引了大众的目光,但纸质化图书是无法被替代的,只是现阶段人们对"网络新世界"充满了好奇,以至于忽略了公共图书馆的存在。为了重回大众视野,公共图书馆要提升宣传意识,打造自身特色,加大宣传推广力度,利用新媒体创新宣传手段,以重新找回公共图书馆的社会影响力。

7. 培养高素质团队

公共图书馆为了加强宣传推广,应当培养复合型高素质宣传团队,人员不仅要掌握多方面推广知识,拥有较高表达能力,还应熟练应用图片处理软件、网页编辑软件等,全面了解图书馆特色与职能,拥有较高业务水平。在全媒体时代,推广人员应善于应用自媒体,拓宽推广渠道。当前,自媒体主要包含百度贴吧、微信、抖音等网络社区,存在互动性强、门槛低、个性化、易操作的特点。图书馆在宣传推广中,应当注意标题制作。其具有内容导读作用,在选择标题时需要揣摩读者内心,利用当前关键词与热词,保证标题凝练鲜明、准确到位,以吸引更多读者眼球。如:成都图书馆宣传"家边就是图书馆"这一标题,让人不禁好奇家边图书馆的位置与环境。

8. 创新推广内容

在推广过程中,公共图书馆一方面应当加强数字资源推广,包含数字化处理的馆藏文献信息及特色资源库。在图书馆中建设多样化数据库,组织、加工并处理各类电子出版物网络信息,以构成虚拟信息资源库。此种数据资源拥有易于传播、节省空间、适用范围广、信息存储量大的优点。如"成都图书馆·阅创"，打造了全市创业平台、团队、机构的知识信息库，能够为创客提供文献信息智力支撑，解决创客信息补偿问题，发挥馆藏检索优势，集信息检索、创意想法、竞争性情报、信息发布交流等于一体，包含实体空间、虚拟网上空间，成为创客交流平台。在平台上能够为读者提供菜单式服务，以点菜方式选择自身所需信息，充分利用数字技术，让用户仅通过网络即可利用图书馆资源，提高资源的利用率。另一方面则加强服务创新的推广。公共图书馆与互联网思维相融合，推动了图书馆服务创新。如成都图书馆在五楼创建了实体空间，配套沙发、电脑、投影仪、圆桌等，在数字媒体区配置了无线网络、3D打印机等，且实现了身份证一卡通，使用身份证轻轻一扫即可借书还书，让读者享受了海量图书资源，从而赞不绝口。对于此种服务创新，图书馆应当加强推广，有助于用户明确图书馆资源使用方法。

9. 规范网络平台设置

规范公共图书馆网络服务平台的设置，并加大服务平台的宣传推广力度。目前，还有部分地方的公共图书馆没有全面开通网络服务平台，有的开通了微信公众号和新浪微博，但是平台的设置不够规范，包括名字的设置和头像的设置。比如，大部分图书馆的微信公众号名称和新浪微博名称都是以图书馆原来的名字来取名的，极个别的图书馆会添加或者删除"××省"等字样；图书馆一般都会以馆徽或者是馆舍照片作为微信或者微博的头像，但是仍然会有头像不规范或者空缺的情况，并且还有部分图书馆没有进行官方认证，用户就会对平台的官方性质和发布的信息产生怀疑。

第一，图书馆需要加强规范网络服务平台的设置。首先，网络服务平台的命名要规范，微信公众号和新浪微博的命名可以是图书馆的本名，比如，"××图书馆"，也可以在此基础上添加或者删除省份，比如，"××省××图书馆"，还可以添加"官微"二字，比如"××图书馆官微"。其次，网络服务平台的头像设置要有图书馆的馆徽或者馆舍的照片，同时需要做好网络服务平台的认证工作，增强用户对图书馆的信任度。

第二，公共图书馆需要加大网络服务平台的宣传推广力度。首先，图书馆的官方网站可以对其他服务平台的开通进行通知，主要是指微信公众号和新浪微博，可以将它们的二维码放在网站显眼的位置；其次，在图书馆的大门口、电梯内、桌子上都可以摆放微平台的二维码，借书证和读者证上面也可以印上二维码；最后，微信平台推送的每一篇文章最后都要加上微信公众号和新浪微博的官网二维码，还可以定期开展一些奖励活动，加强微信和微博平台的宣传推广。

第三，提高图书馆微平台信息推送的数量和质量，重视挖掘微平台的特色功能。目前，大多数公共图书馆微平台的信息推送频率较低，发布的文章质量也不高，导致阅读量较低，难以维持用户的关注度。因此，图书馆需要提高微平台信息推送的数量和质量。首先，要在保证推送信息真实性和准确性的前提下，注重发展特色内容，比如，当地的一些地方特色内容，包括发展历史、风俗习惯、文化遗产等，皆可以丰富用户的见闻，还可以形成图书馆特色。其次，公共图书馆新浪微博平台应该注重原创微博推送，坚持以原创为主、转发为辅，重视推送内容的创新，以吸引更多的用户。同时，图书馆还需要重视挖掘微平台的特殊功能，以增强与用户的互动性，如微信的语音和视频功能，微博的微访谈、微直播功能等。

第四，定期维护公共图书馆网络服务平台，提升读者对图书馆的体验感，图书馆开通了网络平台服务，就需要定期对这些平台进行检查和维护，一旦发现问题就要及时处理，避免影响用户的体验感，要保证图书馆官网、微信公众平台、微博等平台提供的服务能够正常使用，以新浪微博为例，公共图书馆的微博要保证发布和推送信息，能够正常回复用户的提问和评论。只有定期对这些网络平台进行维护，才能给用户良好的体验，才能长期留住客户。

10. 积极开展文化宣传活动

以网络、媒体等为传播媒介扩大影响力，让更多人了解具有当地特色文化，推动反映新时代发展进步、休闲生活的文艺精品、文化成果走向全球。以成都图书馆为例分析，成都图书馆连续两年，在"世界读书日"之际推出了第一批和第二批"天府文化主题书单"。该书单中包括和介绍了成都历史上重要人物和事件的书，讲述成都文化名胜、文物古迹、历史遗存的书，全面辨析研究巴蜀文化史的著述的书。第一批涉及巴蜀文明的渊源、天府文化的演变发展等内容，体裁形式多样，有研究、论文、记事、诗歌、小说等，如《天府文化研究》《巴蜀文化志》《成都简史》《成都诗览》等；第二批书单包含了当代巴蜀名家的佳作，如袁庭栋的《天府的记忆》、谭继和的《巴蜀文脉》，及老一辈历史学家如徐中舒先生的《论巴蜀文化》等著作。武侯区图书馆通过开展多渠道、多方位、多形式的天府文化宣传工作，大力推动天府文化走出去，通过互动交流把彰显天府文化的城市形象、城市特质展示出来，吸引社会公众的注意力和参与力，提高天府文化影响力。

四、公共图书馆宣传推广的多元形式

（一）传统媒体多样化推广

传统媒体的推广形式在人们的生活中依旧占据着重要的地位，并且在数字化全媒体时代下已经发展出许多新的模式。虽然目前引导人们进行阅读的主要载体已经变为计算机、移动设备，形式主要为电子书，但是传统纸质书籍依旧受到很多人的喜爱，传统媒体的多样化推广也是基于纸质书籍来进行的。第一，公共图书馆可以采用开办线上公益讲座、线上展览、读书分享会等形式，提高公共图书馆的影响力及人们的关注度；第二，公共图书馆可以通过书籍宣传、海报宣传、图书推荐等形式，提高人们的阅读兴趣；第三，公共图书馆可以采取和其他社会群体联动的策略，与各大网红书店的合作等方式，提高图书馆自身的网络关注度，促进公共图书馆在数字化全媒体时代的发展。例如，成都图书馆建立了自己的公益讲座视频库及网上展厅专属页面，让读者随时随地通过移动设备就能观看在图书馆举办的各类公益讲座和线上展览。

（二）全媒体模式的推广

现今，各种媒体平台和应用工具有着发展速度快影响范围广、影响力大等特点，公共图书馆的推广也可有效地利用这一点：首先，公共图书馆可以采取在官方网站、微博、微信以及其他社交网站和信息网站上发布公共图书馆公益讲座、新书推荐、阅读活动等信息，提高公共图书馆的受关注度，同时通过在互联网上

进行优秀图片展览，书籍信息资讯发布等，促进人们的阅读意识、阅读能力和阅读兴趣的提高；另外，公共图书馆可以通过建立自己的微信公众号平台以及其他的官方平台、读者群等方式，定期推送相关阅读活动信息，加强与读者间的交流，掌握最新的读者需求和群众阅读动态，加强公共图书馆的重要性和引导能力，促进人们养成良好的阅读习惯，提高人们的阅读能力和水平。图书馆可以建立自己的微信公众号，定期向广大读者推送相关阅读及活动信息，第一时间向广大读者分享图书馆的阅读推广活动信息。

（三）移动图书馆模式的推广

在数字化时代下，网络科学技术的广泛应用不仅体现在浏览器和网址网站方面，更多的是体现在 APP 应用的研究、开发和使用方面。公共图书馆开展移动图书馆推广模式可以通过建立一个能够让读者借助移动设备快捷登录的应用软件，从而有效地提升读者的使用体验和阅读效率，使人们在寻找相关信息时更加方便快捷，促进大众养成良好的阅读习惯；公共图书馆要注意对数字化资源的整合和利用，收集不同平台的优秀资源和信息，剔除不良的信息和错误、杂乱的资源，提高人们寻找资源的效率，促进人们阅读水平的提升和社会正能量的推广，充分发挥公共图书馆的正面引导作用，提高人们的素质，满足人们的阅读需求；还可以通过软件系统建设，发展图书到期归还提醒、优秀作品目录、好书新书推荐和活动举办、短信通知等功能，提升人们的移动设备使用体验，满足人们对服务的便捷性和高效性的需求，促进公共图书馆在数字化全媒体时代的发展。如：成都图书馆建立了较为完善的微信公众号，呈现 APP 门户界面，替代图书馆 APP，目前，平台功能分为三大板块。"微服务大厅"利用组件把图书馆基本应用功能整合到一块，可实现绑定借阅证、借阅查询、精品讲座欣赏、书目检索、个性化推荐等功能。"掌上数图"集合图书馆购买的数字资源，让读者随时随地体验智能、便捷的数字资源。"成图服务"汇集馆内重要信息公告，让读者可通过此板块获取图书馆微信活动的最新资讯。

（四）数字图书馆模式的推广

数字图书馆是信息数据化的产物，虽然目前已经有许多人有了使用数字图书馆的经历，但人们对于其的理解仍存在不同之处。有的人认为数字图书馆更偏向于对信息的获取和整理，有的人则认为数字图书馆的功能更偏向为用户提供数字化的信息。但严格来说，数字图书馆介于两者之间，将图书馆的信息通过信息数字技术进行整理、加工、存储，然后再呈现给读者，实际上是一个具有特殊功能的信息服务平台。而数字图书馆的用户能够随时、随地查询馆藏资源的数据信息，让信息的获取更加便捷、更加快速。

数字图书馆宣传推广的策略如下：

1. 优化馆藏资源

馆藏资源是数字图书馆中最重要的组成部分，数字图书馆如果想要长久、稳定地发展，那么就需要注重最基本的馆藏资源，不断丰富、扩增自身的馆藏资源，并且根据读者的需求合理地配置资源。首先，数字图书馆的馆藏内容要"全"，也就是要全面，馆藏资源应对文艺文化、科普、古籍古典等各个方面都有所涉及，保证馆藏资源的全面性，让读者能够找到自己想要阅读的馆藏类型。其次，数字图书馆的馆藏资源还要"精"，馆藏资源需要注重内容的质量，不可令其"鱼龙混杂"，质量参差不齐。一方面，要对现有的馆藏资源进行整理，将一些内容质量较差的书籍清理掉；另一方面，在扩展馆藏资源时，要选择内容质量较好的书籍资料，从而让读者享受更优质、更高效的阅读，提高读者对数字图书馆馆藏资源的认可度。再次，数字图书馆馆藏资源的优化还要考虑读者的阅读喜好，对于读者查询、阅览较多的书籍资料类别，需要进行保留并适当扩充，而对于鲜有人查看的过时的馆藏资源则需要将其下架，避免占用不必要的资源。最后，还要对数字图书馆全部的馆藏资源进行清点和整理，将其分门别类，构建完善的、系统化的资源数据库，从而让读者的馆藏资源查询更便利、更便捷。

2. 完善服务模式

传统的数字图书馆服务模式已经不再适应社会的发展，也逐渐难以满足读者的需求。因此，数字图书馆需要借助大数据时代的便利，改善自身的服务模式，从而提高自身的服务质量，满足读者当下的服务需求，促进自身的发展。一方面，数字图书馆需要运用大数据去统计、了解读者在数字图书馆中想要获得哪些服务，然后根据需求量逐一改进自身的服务，从而满足大部分读者的个性化需求；另一方面，数字图书馆也要自主学习、引进先进的服务模式。可以对读者的阅读信息进行统计和分析，根据其个人阅读喜好为其精准化地推荐一些其可能感兴趣的内容，从而提高数字图书馆阅读推广的精准性。

3. 划分读者类型

数字图书馆想要提高阅读推广的精准性，还需要对现有读者的类型进行划分，然后才能给予读者个性化的、精准化的服务。并且，读者类型的划分指标也不能是一成不变的，必须是包含多个方面的。例如，可以对读者的阅读喜好给予标签化的调查，了解读者最喜爱阅读的前三种书籍类型，是文学类或是科普类，是生活类还是历史类，等等。也可以对读者的学历类型进行划分，是本科生还是专科生，是初中生还是高中生……或者对读者的专业研究方向进行划分，教育类、旅游类、医学类以及计算机类等。此外，还有许多读者类型划分的标准，数字图书馆可以在具体的实践中不断创新、学习，从而对读者有更加清晰的分类和定位。了解了读者个性化的特征属性，才能根据读者的个性化需求提供更加精准化的服务。

4. 提升馆员素质

值得注意的是，数字图书馆与传统图书馆有着诸多不同。传统图书馆是由图书管理人员对馆藏资源及其他方面进行管理的，而数字图书馆相较于传统图书馆在管理方面更加简便，利用了大数据技术对馆藏资源等进行管理。这就意味着数字图书馆的管理工作有着较高的能力要求，图书管理人员需要较好地掌握、适应数据化的管理模式，必须兼具图书管理的基础理论知识和数据化管理、信息技术相关方面的能力，从而才能够对数字图书馆及其馆藏资源进行良好的管理。所以，首先，数字图书馆在图书管理人员、图书馆员的选聘环节，就要注重图书管理和信息化技术两方面的知识与能力的考虑，从而选聘综合素质更高、更全面的馆员；其次，在数字图书馆馆员的工作过程中，也要对其进行定期培训和考核，使其能力不断提高；最后，在数字图书馆引进新的数据化管理技术时，也要组织全体馆员学习，让图书馆员能够独立地对读者的相关信息进行整理、统计和分析，并且能够根据分析的结果提出个性化的服务方案，从而为读者提供更精准化的阅读推广服务。

校园阅读推广新媒体平台的自主宣传与推广是最常见和主要的宣传与推广方式，收获的效果也往往最明显。在建立微博与微信等新媒体平台账号后，可通过在图书馆网站主页设置二维码或给出网址链接的方式进行推广，介绍功能，鼓励关注。尤其是图书馆微信往往可以绑定读者证号，支持查询馆藏和续借图书，可用丰富而方便的功能来吸引读者关注和绑定。

在举办各项活动（不仅限于阅读推广活动）时，也可以对本馆的微博、微信进行宣传，具体的办法如在活动海报、馆内的电子显示屏上进行宣传，同时，在遇到盛大的系列活动，如读书周、读书月、读书节等时，经费较为充裕，可举办"关注/分享有礼"活动，吸引读者参与。

在微博或微信发布的内容中，也可进行交叉宣传，如在官方微博上发布官方微信的二维码，在官方微信中推荐官方微博账号等，还可彼此转发发布的内容，用户点开阅读后发现是图书馆的微信页面或微博页面，往往会添加关注。

第二章 阅读推广基本理论

第一节 阅读推广的定义与功能

一、阅读推广的定义

要明确阅读推广的要素,首先必须对阅读推广下个定义。关于阅读推广,国内外并没有特别明确的定义,也存在不同的说法。已有的关于阅读推广或图书馆阅读推广的定义,根据其主体界定内容,可分为两大类别:一类是目标型定义,即从推广目标角度下定义,不涉及推广客体的说明;另一类则是内容型定义,即对主体推广内容进行设定的定义。

首先让我们看看目标型定义。作为一种行为实践,阅读推广的目标往往被设定为提升阅读相关变量。"阅读"涵盖阅读主体、阅读客体以及主体与客体之间的交互。阅读主体即读者,主观上涉及阅读兴趣、动机、习惯和能力等要素,客观上涉及阅读场所与平台、读者数量与类型等统计学意义上的特征。阅读客体是类型丰富、功能各异和数量众多的书籍,由于读者需求、兴趣及能力等方面的差异,其阅读图书的数量、理解和领悟程度等书与人之间的交互性因素也存在较大的差异。阅读推广的具体目标就体现在阅读涵盖的各类要素的提升或增进上,也即客观上阅读场所及平台、读者数量、读书数量的增多,主观上社会阅读意愿、阅读能力与阅读质量的提升。

在已有定义中,以推广目标为主体概念区分原则的比较多,具体有三种代表性定义:一是认为阅读推广是一种活动。如王余光在其主持的国家社科基金重点项目"建设学习型社会与图书馆的社会服务研究"的研究报告中对公共图书馆阅读推广进行了界定,认为"公共图书馆阅读推广是指由公共图书馆独立或者参与发起组织,普遍面对读者大众,以提高阅读普及度、改善阅读环境、增加读者阅读数量和增强质量等为目的,有规划、有策略的社会活动"[①]。王波从战略目标、阅读可提升要素的角度对阅读推广进行了界定,认为"阅读推广,就是为了推动人人阅读,以提高人类文化素质,提升各民族软实力,加快各国富强和民族振兴的进程为战略目标,而由各国的机构和个人开展的旨在培养民众的阅读兴趣、阅读习惯,提高民众的阅读质量、阅读能力、阅读效果的活动"[②]。二是认为阅读推广是一项事业或工作,如万行明认为阅读推广即推广阅读,就是图书馆及社会相关方面为培养读者的阅读习惯,激发读者的阅读兴趣,提升读者的阅读水平进而促进全民阅读所从事的一切工作的总称[③]。王辛培认为阅读推广是图书馆、出版机构、媒体、网络、政府及相关部门等为培养读者的阅读习惯、激发阅读兴趣、提升阅读水平、促进全民阅读所开展的有关活动和工作[④]。张怀涛认为"阅读推广"也可以称为"阅读促进",是在"阅读辅导""导读""读书指导""阅读宣传""阅读营销"等概念的基础上发展而来的,指社会组织或个人为促进阅读这一人类独有的活动,采用相应的途径和方式,扩展阅读的作用范围,增强阅读的影响力度,使人们更有意愿、更有条件参与阅读的文化活动和事业[⑤]。不难看出,将阅读推广定性为工作与事业,具有更强的包容力,能够将活动以外的阅读推广举措与实践容纳至概念范围。三是认为阅读推广是图书馆的一项重要服务内容。提出这种定义的代表人物是我国较早关注阅读推广理论问题研究的学者范并思。他主要从字面含义、属性、对象和目标等角度对图书馆阅读推广的概念进行了阐析,认为阅读推广是对阅读进行推广或促进,是图书馆服务的一种形式,是活动化、碎片化和介入式的服务;目标人群是全体公民,重点是特殊人群;阅读推广

---

① 王余光. 图书馆阅读推广研究的新进展 [J]. 高校图书馆工作, 2015 (2): 3-6.
② 王波. 阅读推广、图书馆阅读推广的定义——兼论如何认识和学习图书馆时尚阅读推广案例 [J]. 图书馆论坛, 2015 (10): 1-7.
③ 万行明. 阅读推广——助推图书馆腾飞的另一只翅膀 [J]. 当代图书馆, 2011 (1): 7-11.
④ 王辛培. 阅读推广活动机制创新研究门 [J]. 图书界, 2013 (1): 80-82.
⑤ 张怀涛. 阅读推广的概念与实施 [J]. 河南图书馆学刊, 2015 (1): 2-5.

的最终目标是通过阅读提升公民素养，使不爱阅读的人爱上阅读，使不会阅读的人学会阅读，使阅读有困难的人跨越阅读的障碍[①]。这种观点具有强烈的图书馆学研究范式导向，将阅读推广定位为图书馆的重要服务内容，能够有效地提醒图书馆工作人员了解阅读推广在图书馆整体工作中的重要地位，对图书馆强化阅读推广意识、开展工作规划具有很强的指导意义。由于其未对推广客体及推广方法进行说明，因此，在帮助馆员明确阅读推广工作的重点及理解阅读推广与图书馆其他相关服务之间的边界方面作用有限。同时，活动化服务的界定，也不易将图书馆推出移动数字阅读平台的举措纳入进来。[②]

内容型定义：内容型定义很少对阅读推广客体进行说明，而主要是对阅读推广主体（推广内容）进行说明。这类定义无论对图书馆进行整体工作规划布局、设定阅读推广工作重点，还是对工作人员厘清阅读推广工作与图书馆其他工作的关系，均具有重要的实践指导意义。具体也可以归结为三种有代表性的定义：

一是认为阅读推广是一种休闲阅读行为。以培养一般阅读习惯或特定阅读兴趣为目标而开展的图书宣传推介或读者活动。培养阅读习惯或兴趣这一目标决定了阅读推广试图影响的通常是休闲阅读行为，即与工作或学习任务无关的阅读行为。这种观点对图书馆规划阅读推广工作重点很有裨益。根据书籍内容对人类的作用、影响，阅读可分为：知识/技能/生活需要型阅读，即为课堂学习、工作及生活需要等而开展的阅读；消遣型阅读，指为消磨时间阅读消遣性读物的行为，现今网络小说多为此类读物；人文素养提升型阅读，主要指有意识地阅读公认的文学名著类作品，以增强体验与见识，提升人文修养；生命智慧增进型阅读，指阅读集成人类大智慧，有阅读难度，需要反复阅读、理解、体悟的经典作品，以提升个体与社会及自然相处的修养与智慧。在当前国民阅读率不高、素质亟待提升的大形势下，作为文化传承机构的图书馆，不仅要推进有益身心的休闲阅读，也要推进学习、工作或生活所需的阅读。定义阅读推广是一种休闲阅读行为，不足以容纳所有的阅读推广实践内容。

二是认为阅读推广是提高馆藏的流通量和利用率的活动。"馆藏"同"文

---

① 范并思. 阅读推广与图书馆学：基础理论问题分析 [J]. 中国图书馆学报, 2014 (5): 4-13.
② 陈幼华. 论阅读推广的概念类型与范畴界定 [J]. 图书馆杂志, 2017 (4): 22-25.

献"一样，是一个很宽泛的概念。应用这个定义，也不容易分辨图书馆阅读推广的边界。

三是认为阅读推广是提升读者信息素养的各种实践。将信息素养归类至图书馆阅读推广的范畴，认为图书馆的阅读推广是图书馆利用其信息资源、设备设施、专业团队和社会关系等各种条件，鼓励各类人群成为图书馆的读者，并培养其阅读兴趣、阅读习惯或提升其信息素养的各种实践。在阅读推广、信息素养教育均是图书馆重要工作领域的情况下，此界定不便于工作内容的划分与管理。

综合以上定义，阅读推广是指在传承文化、提升素质的时代要求下，组织或个人开展的能起到培育社会对于有价值的多元媒介作品的阅读兴趣与习惯、提升阅读技能与效果、增进社会阅读数量与质量作用的阅读推广空间营造、阅读推广平台创建、多元阅读引导活动举办的实践。因为这一定义基本上涵盖了阅读推广的要素。阅读推广主要包括四方面，即阅读推广主体、阅读推广客体、阅读推广对象、阅读推广方式，也就是谁来推广、推广什么、向谁推广和如何推广的问题，这四方面也构成了阅读推广的要素。

二、阅读推广的功能

阅读的功能也决定了阅读推广的功能。人类阅读可以带来政治上、文化上、社会上以及经济上等方面的积极作用。从个体的角度来说，事业成功、品行修养、身心愉悦、智慧提升等都离不开阅读，这也正是古人思想中诚意、正心、修身以及致知的体现。社会的基本单位是人，所以，社会的整体发展是建立在个体发展的基础之上的，这也是民众教化、创新改进、助力生产以及文化传承等主要的社会功能的体现。作为推广阅读文化的一个组成部分，阅读推广主要有以下四个主要功能：

第一，传承文化。文化传承必须通过阅读来完成。人类文化的承载主要是通过书籍来体现，不管是个体还是群体掌握的书籍，只有通过阅读，才能产生作用，文化不可能自动地进行传承。

第二，教化民众。自古以来，教化功能就是图书最关键的功能，这也需要通过阅读才能达成。亚里士多德是古代著名的科学家和教育家，他认为，官府藏书也好、私家藏书也罢，都需要对外开放并用于教学，这样才能产生积极的用处。康有为是我国近代著名的改革家、教育家以及思想家，他在中国还未引入图书馆这一新生事物时，就于1895年和梁启超一起成立了"强学会"，并为达成"群中外之图书器艺，群南北之通人志士"的目标而努力着，强学会书藏这一新型的图书机构也是由其创造的，这是一个开放性的、以民智启迪和新学普及为责任的新型机构。不过，受当时条件和社会制度的限制，国民对图书馆的利用是非常有限的，甚至强学会成员还要号召大家来阅读。所幸的是，这一优于常人的理念和思维也是非常具有感染力的。这一行为和现在的阅读推广具有异曲同工之处，也是阅读推广对民众教化功能的一种体现。

第三，助力生产。随着知识经济时代的到来，社会第一生产力毫无疑问就是科学技术，它也代表着先进的生产力。创新作为科学的本质内容，人才是不可或缺的重要组成因素，人才的形成离不开教育，而教育是建立在阅读基础上的。而且，只有阅读，才能发挥书籍的积极作用。所以，从个体的角度来说，只有阅读才能使之更加卓尔不群，从国家和社会的角度来说，阅读推广则是促进国家繁荣昌盛的重要手段。[①]

第四，保持创新。人类进步和社会发展是建立在不断创新的基础之上的，而创新则需要以阅读为基础。人类的创新并非异想天开，天马行空，而是需要一定的基础和理论支持，这便是前人知识和智慧的重要作用。毫无依据的创新是不可能实现的。需要对先人的成果和成就予以继承，并进行一定的创意和发展，从而形成创新。而且，创新成果的推广也需要借助阅读的力量。

---

① 曹树金，王雅琪. 图书馆微信公众号图书阅读推广文章采纳行为影响因素 [J]. 图书馆论坛，2021，41（1）：99-110.

第二节 阅读推广的原理研究

一、阅读推广的基本理念

（一）服务理念

阅读推广属于服务的范畴，不管是采取读书活动的组织还是导读书目的编制等手段，其目标是让读者加强阅读、为读者提供更多更好的阅读服务。沟通和干预是推广的本质属性，其真正的目的在于让更多的读者开展阅读、爱上阅读，而不是评价和教育读者的价值观、道德观和个人行为。推广的内涵中也带有一定的教育意义，所以，大部分人认为，推广具有教育功能。认为其是对读者的阅读形式、阅读习惯和阅读内容进行教育的一个过程。但是，这仅仅只是针对小部分阅读人群，如不会阅读、不爱阅读甚至有阅读障碍的人所产生的，而对于大部分的读者来说，它仅仅只是所提供的一种服务。

阅读推广属于公共文化服务的一种，从其本质来说，它必须具备服务的公平性，才能确保阅读推广过程中的公益性和非排他性特征的实现。虽然图书馆具有教育职能的性质，咨询服务和传递文献也是图书馆员的主要职能和作用，但在读者对文献进行挑选的过程中，他们不会提供任何参考意见，也不会对读者的阅读进行指导，而是让读者自主享有选择知识和信息的权利，甚至为读者保守他们的阅读秘密，让他们的阅读内容不被其他人知晓。他们秉持的中立服务价值观念，体现出了社会民主制度，这也是许多读者对图书馆持有赞许和肯定态度的原因。目前，图书馆最主要的服务方式就是阅读推广，虽然这种方式具有一定的介入性和活动性，却也是在包容、专业以及平等的服务理念下进行的，因此，也不能违背图书馆的核心价值体系，即"开放、平等、包容、隐私、服务、阅读、管理、合作"。

(二) 权利理念

现代公民具备阅读权利，这是不容侵犯的。在阅读推广过程中坚持权利的理念则是要求阅读推广主体不管进行什么样的阅读推广活动，都需要建立在公民阅读权的保护基础之上。每一个公民依法享有进行阅读的权利和利益则为阅读权，其阅读权的主要内容包括了自尊、自由和自主等，读者可以根据自己的个性需求等进行选择。

全国各地如江苏、湖北、辽宁、四川等省以及深圳市都为公民的阅读权利保障制定了相关的地方性阅读法规。在各地立法中也频繁出现了如规范基金经费、指导公共服务、细化新闻出版方面的职责、设立全民阅读组织或机构以及关照特殊群体等词汇；而且作为全民阅读推广的主干和枝节，不管是组织架构还是基金经费，也不管是公共服务还是部门职责等，都在五部地方性阅读法规中进行了详细的论述。这也可以表明，公民阅读权利已经获得了法律上的保障，并对推广主体的职业权利予以保障，这是一个国家文化梦想和追求的必要措施。

(三) 创新理念

阅读从本质上来说是具有私密性和个性化等特征，全民理念、服务理念、权利理念以及自由理念也是阅读推广所必须遵循的原则，而且需要在自愿的前提下进行阅读推广；就是进行阅读立法，也只是为了从法律的角度来保障公民的阅读权利，而非强迫和限制公民阅读。所以说，吸引读者也是阅读推广方式中最为有效的手段。创新也是现代阅读推广过程中需要重点关注的，既要体现温故知新，更要追求推陈出新。而且为了更好地对读者形成吸引力，完成图书馆的工作，就必然要开展一定的阅读推广活动。近年来，图书馆学界和业界对如何进行图书馆服务空间的设计，如何提供服务场所的设备和服务水平等问题都进行了高度关注。同时，对阅读推广服务工作人员的创新意识和服务能力的提升也有了更高的要求。

只有具备以下三项基本素质，才能算是一个合格的阅读推广人：第一，要具备工作的自主性；第二，要具备较好的创新能力；第三，还要能够具备一定的社会资源的调动能力。当然，这都需要经过一定的培训才能达到。同时，阅读推广团队的建立更有利于这三项素质的提升。所以，为了将推广创新理念落到实处，阅读推广人的培训和阅读推广组织机构的设立等工作也在如火如荼地进行中。

二、阅读推广应遵循的原则

（一）社会公益性原则

国家和社会的未来发展都受阅读能力的制约。个体通过阅读能够加强自省、提高自我价值的实现，而从社会来说，阅读有利于知识的普及和延伸学校教育，是个人和社会相融合的一个重要途径。由于阅读具有这一功能，因此造就了阅读推广的社会公益性的本质内容。

从全球的阅读推广工作来看，其吸引了大量的政府组织、国际组织、图书馆界以及各个传媒机构和出版机构的参与。而且，作为阅读产品的制造者和销售者，出版和传媒机构是从自身的利益出发来进行阅读推广的，但同时也起到了阅读交流的促进、阅读影响的扩展和阅读读物的丰富化发展等作用。与出版与传媒机构不同的是，国际组织、各国政府以及图书馆界的阅读推广活动的中立性、公益性和客观性更为明确。全球性的文化机构包括了国际图书馆协会联合会、国际阅读协会、国际儿童读物联盟以及联合国教科文组织等，它们在世界性的阅读推广活动中都发挥了积极的作用，有利于全人类文化素养的提高。各国政府在阅读推广活动中扮演着制定者、阅读经费的提供者、倡导组织者和实施者的身份，也是阅读推广中不可或缺的重要因素。

在社会文化传播过程中，图书馆的作用是非常重要的，而且有效地促进了全民阅读的进程。在教育儿童、加速社会发展、扫盲识字和促进社会公平和稳定上来说，民间阅读推广的作用也是至关重要的。

（二）人文价值性原则

"人文"是指的人性文化，"以人为本"也是对人性的充分尊重，因此，阅读推广的人文价值就是指需要以人性为基础开展阅读推广活动。阅读推广工作需要以人的阅读主体性为基础来进行，人是进行一切推广活动的前提条件。阅读推广的人文价值需要从以下三个方面进行体现：

一是关注人，要培养爱阅读的习惯。从全球范围来看，崇尚人文精神的国家都具有良好的读书习惯。犹太民族是全球最喜欢读书的民族。他们每人每年要读64本左右的书。良好的阅读习惯也使得这个民族成为一个具有进取心和上进心的民族，就算亡国了两千多年依然能够复国，并迅速成长为一个发达的现代化国家。

二是发展人，要培养人人会阅读的能力。三个重要挑战是信息时代阅读不得不正视的问题：首先表现在读物的无限性和时间的有限性的矛盾；其次是高增长的信息量和低效率的阅读能力之间的矛盾；最后是新知识和传统观念之间的矛盾。所以说，分众阅读推广和分类读物推荐也是全民阅读推广中的一项重要措施。例如，古今文学佳作可以针对儿童进行推广，中外人物传记可以主要针对青壮年进行推广，这样才能使得读物结构更为合理，也有利于好书佳作和经典名著的推广和传承。

三是尊重人，要保障特殊人群的阅读权益。在《公共图书馆宣言》中就明确指出：公共图书馆的服务以平等利用为基础，不分年龄、种族、性别、国籍、语言或社会地位，为所有人提供。公共图书馆须为不能利用常规服务和资料的用户，如小语种民族、残障人士、住院人员或被监禁人员，提供特殊服务和资料。

(三) 服务专业性原则

近年来，阅读推广发展势头非常迅猛，这是在专业理论和专业人员的共同支持下而产生的。

一方面，以理论的角度来说，之前图书馆学理论并没有很重视和过多地关注这一服务内容，因此，在阅读推广理论上来说还是比较缺乏的，所以，需要有足够的阅读推广相关的基层理论和实操经验予以支持。

另一方面，从实践的角度来说，活动是阅读推广服务的主要形式，而前期调研、内容策划、项目宣传组织实施和效益评估是一项活动的基本环节，这对专业技能人员的要求比较严格。例如，进行前期调研工作时，需要大量的推广人员制作问卷、掌握调查方法并具备统计数据的技能等；进行宣传工作时，要对宣传途径以及宣传效果进行把握；实际实施时，需要能够顺利完成分解任务、组建团队以及安排进程等任务；之后还要具备分析和挖掘数据、整理和收集资料等效益评估能力等，如此才能使得活动顺利展开。

一般来说，一个具有职业精神的人最基本的条件就是具备创新能力、社会资源调动能力以及工作自主性等，而这也需要通过一定的努力才能获得。所以，只有对阅读推广人才进行评估、激励以及培养，才能更好地促进阅读推广服务的专业化发展。为了凸显阅读推广活动的高度专业性，中国图书馆学会也开展了"阅读推广人培育"活动。

第三节　新媒体时代下的数字化阅读推广

数字阅读以网络为依托，将纸质书籍阅读模式转变为电子设备获取信息的阅读模式，数字阅读模式应用方式便利，可随时、随地获得相关信息与知识。随着现代互联网技术的快速发展，数字阅读模式越来越受到人们的推广。但是，当前我国图书馆受到服务理念、技术水平等因素影响，数字阅读推广活动未得到全面开展。新媒体时代下，各类信息技术发展速度较快。图书馆也需要结合人们的阅读特点、时代特点等进行创新，积极开展数字阅读推广活动，为人们的阅读提供更多便利条件，最大限度地提升图书馆馆藏资源的利用率，创新阅读形式，提升服务意识。

一、新媒体时代下数字阅读的特点分析

（一）多种媒体立体阅读，便于互动

新媒体时代下的数字阅读活动，能够转变传统纸质媒体模式的时间、空间限制，人们可以在自由的时间内阅读，不会受到环境的影响。常规阅读中，读者主

要通过视觉阅读，且阅读过程多具有单项特征，为自主活动。在新媒体环境下，互联网作为"桥梁"，增加了人们之间的交流与互动。新媒体下的数字阅读，读者则能够通过电脑、手机等，通过各类软件进行交流，阅读活动具有交互性特点，便于互动、交流，表达自己的想法。阅读从原本的视觉阅读模式，转变为多媒体同时存在的立体阅读模式，读者在阅读中可以表达自己的想法，参与到信息创造的活动中。

（二）阅读内容丰富多彩，节奏较快

网络传播的速度较快，读者可以借助移动终端快速获取相关信息，便于读者在碎片化时间内阅读，阅读活动也变得更加普遍、便利。但是在这种阅读模式下，读者的阅读多处于浅显的状态，未能够投入其中深度思考。读者易于受到一些吸引人的标题影响，未能够进入到深层次阅读活动中。数字媒体资源模式下的阅读节奏较快，阅读活动更加具有功利性特点。

（三）信息购买携带便利，快速检索

新媒体环境下的数字阅读推广，能够通过移动终端设备快速检索相关信息，获得相关的数据内容。近年来，网络储存技术、电子支付方式等逐渐完善，数字化阅读资源获取的方式更加方便。相较于常规的纸质媒体，读者可以在移动终端中快速获得数字化媒体资源。根据读者的需求，在网络上快速购买，所购买的书籍或者资料便能够快速传输到读者的移动设备中。数字化储存介质的容量较大，能够保存大量的期刊、书籍或者是音频、视频内容等，其便捷性特点突出。

二、新媒体时代数字阅读推广的建议分析

（一）引入新型媒体技术，构建区域合作机制

新媒体时代下，图书馆需要积极引入新型的媒体技术，将社交媒体与图书馆数字化阅读推广活动相互融合。比如，应用微信、QQ或者微博，与读者交流。建立图书馆官方微博、微信公众号等，便于发布相关信息或者内容等，构建图书

馆图书推荐模块、资源检索模块、资讯导航模块等，通过链接能够直接跳转到相关需求页面，形成完整且高效化的数字检索系统，为数字化图书馆推广工作的开展奠定良好基础。

新媒体环境下的数字化阅读推广，需要积极使用新媒体技术，发挥新媒体的优势。图书馆需要积极树立品牌形象，扩展图书馆的外界影响力。比如，可以在热门的网站上，发布有关于图书馆的相关信息内容。在图书馆网站平台上，可以融入豆瓣网的合作项目、知乎的合作项目，等等。图书馆可以构建区域化的合作模式，与相关数字化资源、APP等合作，与区域范围内的图书馆合作，等等，优化利用各类人力资源、物力资源等，全面开展数字化图书阅读推广活动。区域化合作能够打破单一的服务限制，通过跨部门、跨地区、跨行业的工作联动，行业合作，凝聚社会力量，延伸服务半径，拓宽宣传渠道，形成具有影响力、号召力的数字阅读服务品牌，彰显图书馆的社会价值，也便于各类读者快速检索相关数字化阅读资源，满足不同读者的阅读需求，切实发挥数字化阅读推广的价值。

（二）提供个性定制服务，优秀作品定时推送

不同读者由于其兴趣爱好、年龄层次及文化程度等差异，阅读的内容具有较大差异。新媒体环境下的阅读推广工作，可以基于不同读者的特点，提供个性化、定制化的数字阅读推广服务，彰显以人为本的特点，也能够更好地满足人们阅读需求，发挥大数字技术的应用优势。比如，可以根据读者检索频率较高的书籍，推荐相关阅读内容，整合学科内资源。结合读者的兴趣，为其实施个性化阅读引导，随时答疑，主动推荐。

图书馆需要主动为读者服务，将馆藏资源、数字资源或者阅读活动等，通过微博、微信等方式，推送到设备终端，使读者能够快速了解最新的阅读活动、服务内容等，更好地利用馆藏资源。图书馆可以定期开展优秀阅读作品的推广活动，比如，介绍优秀的阅读作品，制作相关阅读文章的背景介绍活动，以微视频的形式呈现。通过简单介绍其中的情景或者故事背景，吸引人们的阅读兴趣。同时，图书馆还可以定期组织开展全面阅读活动。比如，"知行合一"主题阅读推广活动、"精神食粮"阅读交流活动，等等。以文化为主题，设置多样化的阅读

推广活动，定期组织读者参与话题讨论活动、线上辩论活动，给予优胜者免费阅读、作者签名图书等奖励。新媒体环境下的图书馆，需要坚持与时俱进的思想。加强线上管理，增加读者与图书馆的交流、互动，有助于增加图书馆的"粉丝"数量。

（三）增强馆员业务能力，保持阅读服务意识

数字阅读推广工作对图书馆而言，是一项巨大的挑战。图书馆工作人员日常与读者能够直接接触，其工作能力、服务意识等，均会直接影响读者的阅读体验。信息化时代背景下，信息更新的速度较快，图书馆工作人员需要增强自身的业务水平，保持时刻为读者服务的意识。图书馆也需要定期开展培训指导工作，加强数字化软件应用方式、技术培训指导等，使每一位馆员均能够掌握新媒体技术的使用方法。介绍数字化阅读推广的流程、具体操作方式，使各项服务活动能够真正落到实处。图书馆还可以定期开展数字阅读推广的服务质量评比工作，科学设置项目活动，引入奖惩机制。规范开展数字化阅读推广活动，邀请读者对馆员的服务能力、数字化阅读推广情况等进行评价。对服务能力较强，业务水平较高的人员予以奖励，对服务投诉较多的人员进行处罚等，保持良好的图书馆阅读推广氛围。

图书馆传统的借阅形式比较烦琐，流程较多，使得很多读者难以深入阅读。针对这一问题，数字化阅读推广中要简化流程，提升读者的阅读兴趣。比如，可以定期对读者的意见进行问卷调查等，了解读者的阅读体验、需要改进的方向等。明确读者的阅读需求，对数字图书资源中的不足，及时进行补充。

三、开展以人为本的个性化服务

"读者第一，以人为本，主动服务"一直是图书馆人广为熟知的服务理念。它不仅说明了服务的重要，更说明了读者的重要。一个图书馆如果失去了读者，也就失去了生存的价值。随着数字时代的到来，读者的多样化需求和想要解决的问题越来越精深，如果馆员没有树立"读者第一，以人为本，主动服务"的理念，就很难做到"在适当的时候向适当的读者提供适当的书"。因此，馆员一定

要变被动服务为主动服务，深刻理解读者享有的特殊权利，在服务工作中避免冲突，妥善处理好同读者的服务与被服务的关系，主动开展多层次、全方位、多渠道的服务工作，为个别读者开展个性化服务。信息技术的发展和数字信息资源的丰富，使得人们获得信息日益便捷，但同时，信息资源铺天盖地，也使得信息过载问题日益突出，个性化服务是图书馆解决此类问题的有效措施，技术的发展为图书馆个性化服务提供了强大的助力。

（一）以人为本的信息服务

传统文献信息服务是一种文献提供服务，只要读者查到原始文献，图书馆的任务就完成了。在知识经济和信息化时代，读者需要的是原始文献的某个信息单元，互联网上庞杂无序的信息让读者无法短时间内找到所需信息资源，这就要求馆员提供的文献信息服务必须从以整本书刊为单元的服务转向以专题、知识单元为基础的服务。一方面，馆员要从大量文献中筛选有用信息，深入院系研究收集科技新成果，并分门别类汇集整理，及时提供有针对性的信息给读者。通过开发馆藏文献信息资源，加工信息产品，把这些文献及时提供给读者使用，将有助于读者及时了解科技最前沿动态。另一方面，可通过建立学科导航、过滤、组织信息、建设网络、构造虚拟馆藏等方式，最大限度地为读者提供深层次、多方位的信息服务。

（二）以人为本的资源利用

对于数字资源的整合具有统一的平台很重要，往往通过一次检索就能得到不同数据库返回的多个结果，实现真正意义上的跨库检索，并能根据不同的数据库进行有效分类，减少读者查检的时间。高校图书馆应对数据源进行定期跟踪，及时统计数据更新情况，为数据定制服务做好准备，并尽量做好数字产品的知识产权保护工作。

（三）以人为本的个性化服务和文献传递服务

科学技术和知识经济的发展，对社会各方面都产生了广泛而深远的影响，特别是以新一代数字技术、网络技术和通信技术为代表的新信息技术,正以锐不可当之势迅猛发展。新技术广泛地改变了人类社会的生活方式,也改变了图书馆的服务形式和内涵。

利用文献传递系统,开展文献传递服务,首先必须有相应的网络支持系统,就是开放式的硬件、软件和各类数据库的集成平台,并与校园网互联,逐步实现图书馆文献资源数字化和多媒体信息源的深层次连接。

1. 完善文献传递服务体系

依靠先进的信息技术,建立适合国情的高效率的文献传递服务系统,与读者建立长久的原文传递业务,拓展文献获取渠道。

2. 规范文献传递服务的价格体系

削减期刊文献订购,加大文献传递设施的建设。文献信息服务应遵循"用户至上、服务为本、效率优先、收支平衡、参与竞争"的定价原则。

3. 信息推送服务

图书馆的信息推送服务采用两种形式,即简单推送和高级推送。简单信息推送就是指图书馆先开发读者注册系统和定时自动推送系统。根据读者信息要求进行分类存档,系统会自动将存档文件推送给读者。高级信息推送指经过专业技术人员处理的整套情报系统向读者提供网络资源导航、信息资源检索、全文镜像推送、专题追踪、新闻发布、科技论坛等信息服务。

4. 科技查新服务

科技查新是科技成果鉴定、科技立项、申报科技成果奖励、申请专利、技术引进等工作中的重要环节,查新馆员能够起到把关作用。可以利用多种检索手段发挥文献资源之间在内容、年限、文献类型上的互补性,并能提高国外文献查新检索的准确性和全面性,最大限度地满足读者的要求,并尽量节约查新费用的支出。

5. 图书馆网站建设

图书馆网站设计应该体现"以人为本,以内容为中心"的主题,以主要学科为核心,突出高校图书馆的特性,为读者提供最方便、最快捷、最系统的信息。

图书馆信息创新体系除上述内容外,还包括以人为本的参考咨询服务、以人为本的文献检索课教学和用户教育等。

　　随着现代生活节奏的加快，社会公共生活也逐渐变得丰富起来，人们更趋向于选择专业化的场所来完成各种专门的活动，如到体育场进行体育运动，到会议中心举行会议，到图书馆获取知识。图书馆绝不是世外桃源，它是亲民的，它是友善的，它更是无私的。图书馆能给用户提供一个便捷、安全、温馨的阅读环境，这种环境氛围的营造不仅能使用户身心愉悦，也能使用户在这种环境中感受到阅读的快乐。图书馆"所有行动的起点都是为了满足用户的实际需求"。图书馆是书的海洋，没有谁能在短时间内阅读完图书馆的所有馆藏文献，因此，提供一切便利让读者终身利用图书馆是十分必要的。在图书馆实际工作中发现，读者常常选择自己熟悉的检索途径和省时间的检索策略来完成检索，即用户在解决任何一个问题时，总是力图把所有可能付出的平均工作最小化，为适应读者的这种行为习惯，图书馆需要在查全率、查准率、外借册数、借阅时间上多做加法，在拒借率上多做减法，使读者用最小的时间代价和精力代价获得最大的资源收益，让用户每次来到图书馆都有轻松的环境体验。这是图书馆转变自身角色定位过程中的关键之举。书是为了用的，一个信息资源越易接近，被利用的可能性就越大。为了适应读者的这种行为规律，图书馆在空间导识系统布局时，一定要将重要信息放在重要位置，减少用户信息导航次数，增加资源的可及性，在重要的空间节点上清晰地标示出相关资源的获取地址和使用方法，增加资源的可获得性。在馆藏的布局规划时要将重要的资源通过说明类识别系统进行重点推介，减少读者在书库中所消耗的时间，提高读者信息检索的效率，为读者提供"无时无刻不关怀"的氛围，增加信息需求的转化率。阿根廷大文豪博尔赫斯曾把图书馆比作"天堂"。在图书馆员眼中，只有把图书馆的用户看作是"天使"，图书馆才能显现出应有的"天堂"模样。图书馆要留住用户，就应该千方百计地搜集用户的信息需求，了解用户在利用图书馆的过程中所出现的疑虑和困惑，并能针对特定用户的特定需求设计完成个性化的信息服务。图书馆的空间导识系统在设计之初就应该充分总结经验，时刻捕捉并放大用户的需求，让每一个标示出现在用户产生疑惑之前，使用户在情感上与图书馆产生契合。

四、做好图书馆知识服务创新

数字技术改变了传统的信息载体，丰富了信息传播的手段、途径和方式，加快了信息传播速度，全方位地影响着社会生活的各方面。作为专业知识和信息资源收集、存储、传递和管理的专业机构，传统图书馆正受到数字技术发展的影响和冲击。现代信息技术，尤其是计算机技术、高密度存贮技术、通信技术、网络技术和多媒体（超媒体）技术的发展，为图书馆的数字发展提供了强有力的技术支持，从而改变了传统图书馆的手工作业状态，使由现代技术支撑着的图书馆作业的设想逐步变成现实。现代图书馆是保存大量结构化信息的数字化资源库，是由软件和计算机通过互联网连接在一起的高级信息系统，其最终目标是让所有的人在任何时间、任何地点都可用任何互联网的数字设备来访问人类所有的知识。现代图书馆不能简单理解成对传统图书馆、博物馆及档案馆的现代化，现代化的真正潜在意义在于能够对信息资源进行智能检索、分析和处理。现代图书馆将改变知识生产者、传播者、整理者、消费者之间的关系，加快知识传播和更新速度，从而在根本上变革图书馆的概念。数字技术是一项应用前景非常广阔的技术，特别是对图书馆来讲，将成为非常重要的应用领域，同时，也预示着知识经济时代的来临。

知识服务是在知识经济背景下的一种新的服务观念，是对信息资源的深层次开发和利用。知识服务是一种观念，也是一种认识，是图书情报机构的一种重要的实践活动。当下正处在知识经济时代，知识已成为世界的主宰力量。而人是社会的主体，归根结底，知识对人是第一重要的。中国传统文化注重"天人合一"，在天地之间以人为中心。人文关怀是以人作为一切社会活动的出发点，提倡人的思想自由、学术研究和个性解放的创新行为。图书馆事业就是一项人文主义事业，图书馆的核心要素就是人文精神，以人为本，以人为中心，对象包括图书馆员和读者。图书馆管理理念的核心就是搞好信息资源服务，人是图书馆管理的活力资源，通过人性化管理可以在潜移默化中提高人的素质，调动人的积极性和创造性，充分发挥图书馆的效能。图书馆应该不断培养和引进优秀人才，把"以人为本"的管理理念落到实处，在服务中充分体现关爱、平等、宽容和专业，为读者营造一个轻松自然、舒畅惬意、文明和谐、书香飘逸的阅读环境,令读者既能享受知识的教育,又能领略高雅脱俗、如醇如酿的文化氛围。此外,图书馆应不断引导馆员通过阅读学习掌握新知识,只有掌握新知识和运用新知识,才能发挥知识的巨大力量。创新是社会发展的强大动力,而创新的基础主要是知识,特别是新知识,只有不断地阅读学习,才能提高科学发展能力。目前,知识更新快,只有不断充实自我,接受终身教育理念,提高信息意识,自觉抵制精神污染,并熟练掌握各种检索技能以获得有效信息,才能跟上时代发展的步伐。

(一)知识服务的特点

第一,知识服务就是在读者最需要的时刻,将读者最需要的知识传递给读者,始终以服务为主线贯穿到读者服务的整个过程中。首先,要充分了解读者的个人信息和读者潜在的信息需求,综合分析,进行主动服务;其次,及时跟踪了解读者正在形成的兴趣点和知识点,及时提供相关的信息,使读者满意图书馆的个性化服务。

第二,知识服务是从大量的数据库中找出与读者需求相匹配的知识,然后通过知识的传递,将最适合的信息在最适当的时间传播给最需要的读者,帮助读者找到解决问题的方法,动态地、持续地组织服务的整个过程。

第三,知识服务是按照专业和课题项目组织实施服务的,就是将专业信息资源导航、专业化网络检索工具、专题文献报道和专业咨询频道集成到一个网站上,做到对读者和用户环境的准确把握、及时跟踪;协助读者开发个人信息资源系统,为读者建立个人主页的系统界面和超级链接,最大限度地提高数字化资源的利用率,以满足多元化读者的信息需求。

第四,知识创新是一项更新知识的实践活动,它不仅需要科学研究部门从事知识的生产,还需要有专门的机构和人员从事知识信息的收集、加工、整序和传播来促进知识的应用。图书馆有专业的馆员可以为读者提供网络化、数字化的知识服务,可以根据读者的实际需求,提供专、深、精的深层次的个性化服务。

第五,为了实现从信息服务向知识服务的转化,特别是实现隐性知识向显性知识的转变,图书馆一定要应用多种智能技术和软件技术,进一步发展专家系统、知识库、智能计算机，来达到知识共享的目的。

第六，知识服务是一种开放服务模式，就是将专家、群体、数据和各种信息与电脑技术有机结合在一起，把信息理论和学者的经验与知识结合在一起，发挥整体优势，并解决疑难问题，同时利用多种知识、资源、系统和服务来组织和提供多层次的信息服务。

（二）图书馆知识服务创新

社会只有不断创新才能发展，才能生存。创新是社会发展的源泉，也是图书馆发展的根本动力所在。图书馆只有在文献信息资源建设上创新、提供知识服务上创新、培养服务对象上创新、提高自身竞争力和发展能力上不断创新，才能更好地服务读者。

1. 图书馆知识服务创新的基础

（1）高素质的馆员是知识服务创新的关键

图书馆的知识服务是依赖人的知识和智慧的服务，高素质的馆员是知识服务的关键，也是服务创新的核心力量。馆员有丰富的文献工作经验、熟练的信息服务水平与技能，有一定的学科专业知识及善于思考创新的智慧，不仅是图书馆与读者之间的纽带和桥梁，也是学科知识库的建造者和维护者，更是高知识含量产品的操作者，还是信息检索利用的导航者和教育者，只有他们才能为读者提供高水平的知识服务。

（2）广博深厚的知识资源是物质基础

知识经济时代，知识资源的占有量和利用率，是衡量一个国家综合实力的重要标志。图书馆知识资源的丰富性、系统性、连续性和完整性是其他知识文化机构无法比拟的。图书馆具有服务于社会经济的知识资源优势，而丰富的知识资源又刚好为图书馆的服务创新奠定了坚实的物质基础。

（3）先进的数字资源和设备是运行的保证

先进的记录方式、传播手段和交流渠道，依据先进技术而形成的虚拟馆藏和传统物理馆藏组成的有机整体，极大地提高了图书馆的知识服务能力，在服务范围上保证了开放性资源共享和全球一体化；在服务内容上保证了向数字化方向发展；在服务手段上保证了向综合技术应用趋势发展。

2. 图书馆知识服务创新的内容

（1）知识服务的创新

知识服务创新是知识服务馆员在长期服务实践过程中积累的先进经验，加以科学的总结，以创新性思维突破陈旧的观念，创造出新思想、新方法；是在不断变化的读者需求和不断更新的新技术环境下，以新的思维方式来创造新的服务方式。知识服务创新首先是思维创新，就是在传统的服务方式上强化"以人为本"的服务理念，培养社会化服务观念，引进竞争服务机制，以新的技术能力、新的服务模式、新的知识产品来取得知识服务的主导地位。

（2）体制创新

体制创新是知识服务创新的重要前提。知识服务的体制创新就是改变传统的组织管理模式，建立与知识服务相适应的知识管理体制和知识服务运行机制。内容为：建立有利于知识服务创新的组织结构；改变传统等级管理结构；减少文献借阅管理人员，增加从事文献资源采集、知识分析、知识重组和参考咨询等高层次服务馆员；建立与知识服务体系相适应的领导体系；建立健全知识交流的学习组织；建立能够促进服务创新的激励制度和与读者互动交流的反馈机制。

（3）技术创新

知识服务需要一个创新的技术基础。技术创新的内容有知识组织机构服务、知识检索与链接服务、知识发布与交流服务、知识技术支持服务等。图书馆的知识服务是以满足读者需求为目的，通过数字科学技术方法来实现的。图书馆的技术创新服务是知识服务永远最具活力的动力支持。

3. 图书馆知识服务创新的方法

（1）优化馆藏资源结构

优化馆藏资源指要建立多载体、多种类、多形态的实体馆藏和虚拟网络资源相结合的资源体系。保留原有的纸质资源和具有密集型、数字化存储、方便保存等优点的缩微资源和视听资源，保留与读者需求相符的、有利于知识学习和创新的资源。通过网络传输购买的大型数据库和互联网上可供检索利用的信息资源称为虚拟馆藏，把这些资源经过整理加工、去粗取精、分门别类纳入馆藏资源体系，作为服务创新的重要资源。

（2）建立知识共享体系

在整个范围内以共享共建、互惠互利为原则，建立健全可以在网上联机检索的资源共享体系，通过网络的协同和互动，实现真正意义上的知识共享，便于读者在最适合的时间能获得最需要的信息资源，来达到知识服务促进知识创新的最终目的。

（3）加强教育和技术培训

加强信息教育和技术培训是图书馆知识服务创新对策的重要环节。因为知识服务水平高低、好坏取决于知识服务馆员和读者的信息素质。大部分图书馆已经很重视人才资源创新工作并取得可喜成绩。加强信息技术培训就是力求每个馆员都能熟练掌握知识服务所必需的信息技术，并能与传统的服务业务相关联，提升个人的知识服务能力，进而为读者提供高水平的知识服务。

第三章 阅读推广资源构建

第一节 文献资源构建

一、文献资源构建概述

（一）文献资源构建的基本含义

文献资源是相对于天然资源的一种社会智力资源，是物化了的知识财富，它是人们迄今为止收集积累贮存下来的文献资料的总和。文献资源建设是指一定范围内的图书馆及其他文献情报机构对文献资源进行有计划的积累和合理布局，以满足、保障社会发展和国家建设需要的全部活动。文献资源建设是藏书建设发展的必然结果。"文献资源构建"不同于"藏书建设"，其工作的立足点更高，涵盖面更广，能更好地概括文献的本质，反映文献信息工作的实际。从概念上说，藏书建设一般指具体文献信息部门的藏书规划、组织、发展、采选、评价、剔除等工作；而文献资源构建这一概念主要用于对跨部门、跨地域的系统性的文献资源构建的宏观规划、组织、布局、协作、协调。

文献资源构建的主要内容包括：第一，对现有文献资源开展调研；第二，根据需求确定目标制订规划；第三，文献资源信息的收集与选择；第四，建立各种协作关系；第五，文献资源的推广与利用。

文献资源构建的体系内容包括：第一，资源构建思想；第二，资源结构体系；第三，资源链接体系；第四，资源构建模式。

（二）阅读推广对文献资源构建的影响

阅读推广的根本目的在于最大化满足读者需求，提高馆藏利用率，其功能在于：进行阅读引导，使读者产生阅读兴趣，从被动阅读变为主动阅读；开展阅读培训，使不善于阅读的人掌握阅读方法，学会利用馆藏资源；提升阅读服务，在空间、时间和技术方面为读者提供更高效便捷的服务；重视读者参与，通过读者反馈，提高服务效能；倡导阅读理念，产生社会阅读风气，彰显图书馆的社会价值。

从价值角度来看，如果把图书馆工作视为一种生产过程，阅读推广则是文献升值或增值的过程：一是生产与消费同时进行，读者获取馆藏资源等同于消费，阅读推广促使这种消费的产生，直接帮助图书馆获取消费成果即资源利用率和读者满意度；二是读者参与生产过程，阅读推广需要重视读者参与度，读者参与才能产生服务；三是阅读推广的目的在于满足读者需求，提高馆藏效益和利用率，对产品价值即馆藏价值的判断直接取决于用户的满意度。由此可见，阅读推广从提高用户满意度出发，围绕读者需求进行创新，同时兼顾效益，实现运营和效益最大化，从而扩大服务对象及社会的影响力，实现图书馆的价值和社会效益。

从图书馆的发展来看，阅读推广虽然不像数字化和网络化一样，给图书馆带来技术层面的革新，但阅读推广使图书馆的根本任务再次回归到馆藏与利用的关系中，衍生出如何合理处理"价值论"和"利用论"的叩问，从文献利用的角度帮助解决馆藏与利用失衡的问题，因而，研究如何在阅读推广背景下，赋予文献资源建设新的内涵，提升图书馆在时代背景下的适应性，是非常必要的。

二、以读者需求为驱动

"书是用来读的"，文献资源构建的基本意义和最终目的在于"利用"，构建的依据有机构性质、基本任务、存储级别、建设重点、建设目标、读者需求、经费情况等，但最重要、最根本的因素是读者需求，这是"藏"与"用"的价值统一的要求，也是阅读推广背景下图书馆等机构的价值体现。

（一）专业学习需求——如专业图书

专业学习是现代社会人才培养的刚性需求，专业学习本身对图书的要求高于一般需求，所需图书的研究性、实用性、前沿性、指导性、严谨度必须通过相对专业的资源配置方能实现。构建这一需求类型的途径有：一是联系供应商，多方收集与专业相关的图书，供相关专业的专家、教授、学科馆员遴选，本途径可以弥补图书馆等机构在专业学科方面的不足，采集专业性、学术性强的文献资源，避免闭门造车，无法适应专业性需求；二是直接获取专家、教授、学科馆员的需求建议，指定图书采购内容，交给供应商定向采购，这一途径针对性强，可使急需的图书尽快入藏，尽快利用，提高了专业图书建设的实用性；三是查漏补缺，图书馆主动收集分散的专业文献信息，如学科前沿信息、学科获奖信息、国际会议交流信息，再结合实际需求，采购相关专业图书，该途径与专业圈选和定向采购等方式相结合，形成资源优势互补，有助于形成既符合专业需求又符合资源建设的构建策略，从而保证专业图书的系统性、专业性、科学性建设。

（二）素质提升需求——如历史、文化、艺术、军事等图书

素质提升是个人生存和发展的基本需求，相对于专业学习需求，读者阅读的类型更为广泛，内容更为庞杂，读者需求的多样性更为明显。素质提升需求构建的途径有：一是读者推荐，机构开设读者荐购渠道，读者将阅读需求明确表达给图书馆，在收集大量需求信息后，图书馆根据实际需求合理配置文献类型和比例并开展采购，适用于阅读目的性强的读者。二是读者圈选，图书馆对供应商提供的书目信息进行初步筛选，读者在初选书目中进行选择，由读者确定自己所需书目，这一途径有两种实现方式，一种是传统的纸质书目勾选，另一种是被称为读者决策采购的 Web 采选模式。相较于一般的传统采选，读者圈选更符合读者需求，尤其是基于 Web 技术的高效图书采购体系，提高了文献采访质量，更提高了图书馆馆藏的利用率。三是读者自主采选，这是一种读者直接参与图书采购的途径，读者自主采选实现的方式多种多样，比较常见的有你选书我买单、即选即借、走读书城等，这一途径采购的权限直接交给读者，让读者选择自己想读的图

书,同时提供效率更高的借阅条件,对读者而言,图书可以自主选择,随即借阅,读者的权益充分凸显,获取图书更为便利,对图书馆而言,读者利用率越高,读者依赖性越强,其自身"价值"越高,不再是"可供选择"。

(三) 休闲娱乐需求——如小说

以休闲娱乐为目的的阅读非常广泛,尤其是数字化阅读畅通的今天,休闲娱乐读物以多种形式存在,除了纸质的图书、期刊、报纸等传统阅读方式,网络、智能化终端阅读更为普遍。休闲娱乐需求的构建途径更为多样,因为这一类型对从业人员的专业要求相对较低,方向容易把握,比较有效的途径有:一是跟踪市场调研,做好出版市场的分析调查,把握市场动向,收集热点信息,及时为读者提供可供选择的文献;二是读者分析调研,根据读者需求,前瞻性地提供一定体量的休闲娱乐读物。目前图书馆使用的各类自动化服务设施和系统均能实现读者利用资源的相关数据采集,例如,广泛使用的汇文管理系统、各大数据库的文献使用统计、网站量子恒道都能大量采集读者的活动行为轨迹并进行统计和分析,这个过程也可以称之为需求评估过程。由于休闲娱乐型读物的普遍适应性,借助需求评估能更为精确地预测读者需求,从"藏是为了用"的角度出发,指导资源的构建方向,提高该类资源的关注度和利用率。

(四) 生活辅助需求——如法律、健康图书

随着人们对个人生活品质的要求逐步提高,健康养生、寻医问药、法律常识、心理健康、家居装饰、旅游指南等日益受到大众读者的关注,该类型读物的需求也在不断增长。这类读物的分布有一定规律性,以社区公共服务为主要目的的图书馆或资料室通常将该类图书、期刊、报纸和电子文献作为主要读物推荐给读者,以公共文化建设为目的的大型图书馆则以辅助类读物推荐给读者,更高层次的专业文献机构中该类读物分布较少,这也说明该类读物的适用范围更多分布于基层和社区,属于辅助类需求,满足这类需求只需做好一般性采购即可。

三、阅读导向为引领

(一) 精品导向

精品读物与经典读物不同，它主要是指在当前时代背景下产生的具有普世价值观并被广泛认同的读物。它不具备悠久的历史属性，但拥有一定的认可度和阅读性，有着较高的实用价值。精品导向就是要通过精品文献资源的构建提升资源的可读性、现实性、引导性，帮助读者在阅读中获得更为有用的阅读价值。精品导向构建的类型有：好书、新书、畅销书等，构建途径有：市场定向采购、读者推荐采购、读者自主采购等。精品导向资源构建要注意：一是对精品的甄别，尤其是在一些热门精品的选择上，要避免低俗价值观念的产物；二是要挖掘文献的精神内涵，辨别是精品还是炒作；三是要分析读者对精品的需求，必要时对读者做出引导。

(二) 权威导向

权威导向资源构建是利用"权威"作为代言，告诉读者"如何读"和"读什么样的书"。所谓权威，即在文献资源的内涵质量、意义作用、产生影响的评价过程中具有一定评价资质、深厚学科背景，专业评估水平和影响力的机构、组织、行业、奖项及个体，例如，中国图书评论协会、茅盾文学奖。文献机构通过权威信息获取相对高品质的文献资源提供给读者，帮助读者避免阅读的盲目性，通过专业性阅读建议，提高读者的阅读实效。权威导向的实现途径有权威人物推荐、权威行业评价、权威媒体评价、权威机构评价等。权威导向要注重对权威的选择，不是所有权威都适合进行资源构建，也不是所有权威影响力都适合进行资源推广，要从服务对象和实际需求出发，秉持服务读者的原则明确资源建设的价值取向，选择被认可、被需要的权威，避免资源建设受外界影响造成权威导向乱象。

(三) 专业导向

读者类型和层次不同，决定文献资源构建的内容不同，专业型读者的资源需求往往是资源体系构建的一个难点。因为专业类文献资源的构建具有学科性、前沿性和权威性，不仅需要以读者需求为导向，而且需要借助专业能力，因而对资源采购和资源配置人员的学识背景、知识领域、分析能力、采集水平有更高的要求。实现专业导向的途径有：知名学者荐书、专家荐书、学科馆员荐书等。专业导向资源体系的建立需遵循以下几点：一要"以专为主"，要持续关注研究需求，提升资源的专业性和权威性；二要"以先为主"，要广泛获取专业信息，开展情报分析，了解前沿领域，把握专业需求，从多个领域强化文献资源的前沿性；三要"以人为主"，要加强学科馆员建设和知名学者引进，从多方面强化文献资源的权威性。

（四）经典导向

经典读物是开展阅读推广的重要内容，经典的作用不容忽视，无论是人类精神的传承还是国民文化素养的养成与提高，都离不开经典的教化。推广经典不仅是教育教学部门的责任，也是各种文化机构、文献机构作为文化基地在文化传承与传播中的重要职责。因此，经典文献资源的建设和推广十分重要。第一，建设经典文献资源要从多个角度进行，既要建设权威认可的经典，如具有权威性的出版社和学术团体的出版物，也要建设读者感兴趣的经典，还要发掘一些专业学科方面的经典，如重点专业学科领域中经典性学术著作与教科书，以满足不同层次的读者需要；第二，建设经典文献资源要从不同层次进行，不仅要购置经典本身，还要购置相关领域的不同层次的文献以激发读者阅读兴趣，满足参考研究的深层阅读需要；第三，建设经典文献资源要注重经典的系统性建设，确保一个相对完整的资源体系，提升馆藏质量的同时保证读者对经典阅读有一个明确概念，便于读者选择阅读方向；第四，建设经典文献资源要注重读者对经典阅读的体验，除了购置印刷质量较好、排版清楚的图书之外，也要注意对数字资源质量的甄别，尽量选择权威版本，确保读者阅读经典的"原味"性。

（五）热点导向

热点读物是指与党和国家政策、大事件、社会典型现象、科技进展等相关的读物，热点读物往往聚焦了这些大型事件背后人们关注的焦点和内涵，体现在各大文献（图书）销售或阅读的排行榜、推荐榜、热搜榜之上，拥有极高的关注度和阅读量。热点导向有助于读者进一步了解、认识和把握热点信息，其实现途径有：定向采购、行业推荐采购、读者推荐采购等。

第二节 图书资源结构体系

一、资源形态结构

（一）结构构建思想

纸质文献和电子文献是目前主要的两种文献资源形态。多年来，有关电子文献与纸质文献孰优孰劣的争论一直没有停息。随着科技的进步，电子文献迅速发展，在对市场、读者的竞争中，呈现出较大优势。有人从电子文献的多种优势和发展前景提出电子文献最终将替代纸质文献，甚至提出纸质文献"消亡论"。近年来，随着对电子资源的应用和认知，消亡论基本消失。人们对电子文献与纸质文献的价值、特点、作用、不足与缺陷有了较为客观和统一的认识。有关电子文献与纸质文献将长期共存的观点基本达成共识。

电子文献与纸质文献各具特色。目前，学术界较为统一的认识是：电子文献具有多媒体信息存储及传递功能，其传播速度快、使用范围广；具有通用性和易复制性，不受时间和地域的限制；电子文献按照自身逻辑关系组成相互联系的网状结构，借助载体的优势，检索查找内容快速方便；电子文献体积小，信息储存容量大，是纸质文献无法比拟的。但电子文献仍有很大的局限性，电子文献须配备配套设施，在使用上有局限性；电子文献的维护和建设成本不低；电子文献的传播和使用受网络限制；电子文献的普及仍存在问题；阅读电子文献的舒适度不高。纸质文献历史久远，有上千年的文化积淀，更符合人类的阅读习惯，有较强的权威性；相较电子文献存储介质的不确定性，纸质文献在保存上安全性更高；

相较于电子文献的易复制、易传播，纸质文献更有利于知识产权和版权保护；一些纸质文献承载着人类文化遗产，具有不可替代的意义，会被永远保存，这是电子文献不能具备的。

从读者使用角度而论，目前，虽然电子文献发展快，阅读比例持续走高，但纸质文献在深阅读方面比电子文献更具优势。

纸质文献提供了更为系统性的阅读和学习条件。纸质文献最大的优势在于读者在阅读方式上通常首选纸质图书，不仅因为纸质文献有较好的阅读体验，也因为在深阅读过程中，通过纸质文献，读者能更好地理解、把握内容，便于读者系统性地阅读和学习。电子阅读更多地趋向于不同形式的碎片化阅读，甚至是图像阅读。碎片化信息量庞杂，无法让信息系统性地进入读者脑海，也不能为读者阅读带来实质性的改变，更不能帮助读者有效获取知识，创造知识。

（二）构建原则

图书馆作为信息资源的收集者和提供者，当前所面临的问题不是二选其一，而是要合理配置两种文献资源比例，协调发展，动态平衡，资源整合。

1. 读者利益最大化原则

读者利益最大化原则要求文献资源建设必须从读者的根本利益出发，即要求我们在开展电子文献和纸质文献资源建设活动中，首先要考虑的是读者的需求和利用，要最大限度地满足读者的需求。当读者的长远利益和眼前利益，整体利益和局部利益，根本利益和表面利益发生矛盾冲突的时候，应当坚持读者的长远利益、整体利益和根本利益，正确处理读者与资源、读者与设备、读者与图书馆员之间的矛盾冲突。

2. 兼收并蓄原则

兼收并蓄原则要求图书馆电子文献和纸质文献两者共存，但又要从实际出发，合理确定电子文献与纸质文献资源的比重，有比例地构建一个既有电子文献，又有纸质文献的能满足多元化读者需求的藏书体系。同时，实现纸质文献与电子文献的兼收并蓄，也要意识到电子文献在馆藏中所占比例及其采购经费所占比例，要考虑图书馆的发展程度、配套的阅读设备、文献和读者的特点及经费等方面因素，使两者所占的比例适中，又符合实际，这样才能使两者真正协调发展。

3. 系统性原则

系统性原则是建设高质量藏书体系的重要保证，电子文献与纸质文献资源的系统性主要体现在文献本身的连续性和学科自身的完整性。知识本身具有系统性，任何门类的学科知识都是人类不断探索积累总结的智慧结晶，经过不断的发展和提高，逐步形成了本学科完整的体系，同时，学科自身具有完整性，加上随着现代科学的工作越来越完善，人们对自然和社会认识水平不断提高，而且学科之间的联系越来越密切广泛。因此，图书馆不管是纸质文献还是电子文献的收集，都应注重这些学科内容的延续性和完整性，反映出学科发展变化的特点和规律，使学科文献尽量得到系统、完整的收藏。同时注重电子文献收藏与纸质文献收藏的系统性，使两者真正在内容和形式上得到协调发展。

4. 互补性原则

互补性原则要求电子文献与纸质文献在内容和形式上形成互补，避免重复和浪费。我们知道通过采购纸质文献，使已有的信息资源体系更加完善，适应性进一步得到提高。同时采购电子文献，不仅能及时反映知识动态，其信息量大的特点，还能弥补纸质图书收藏方面的不足。因此，电子文献与纸质文献的采购应统筹规划，合理安排，力争使两种文献优势互补，充分发挥其作用。有些电子文献是纸质文献的数字化，而有些电子文献只有电子版，根据互补性原则，在大多数情况下，某一文献拥有电子版后，就可替代同一种纸质文献，甚至可替代内容相近的同类文献。当然，对于利用率特别高，或是电子文献在某些功能上不能较好地替代纸质文献的，可考虑同时拥有纸质文献和电子文献，互补性原则还包括本地区图书馆之间在藏书建设上的合作互补，达到文献资源共建共享的目的。

（三）文献配比

每个图书馆的服务对象文献配置需求不同，文献配比也不尽相同，需以稳定的服务对象——阅读人群来划分。

以公共图书馆为例，公共图书馆的读者人数逐年增加，纸质文献的需求量也随之增加，以印刷版形式出版的全文文献，主要购买纸质文献；研究需要且使用率较高的重要刊物，可考虑既订纸质文献，又订电子文献；研究需要但使用频率不高的参考刊物，应考虑部分订购或联合订购等形式；对于光盘数据库和网络数据库之内的非核心刊物，以及其他文献，如专利、标准、产品手册、学位论文与全文文献，可以根据用户需要及价格等因素来决定购买形式。

以中小型社区图书馆为例，读者以休闲娱乐型居多，配置应以纸质图书、期刊和报纸为主，规模小的图书馆，其电子文献的利用率相对较低。文献配比最终是要确定合理的文献资源建设模式。从"拥有为主"逐渐向"拥有与存取并重"转变，已经是图书馆馆藏发展的必然趋势。一个图书馆首先应该确定本馆最常用的文献信息资源要以拥有的模式获取，而对那些利用率低的文献则应采取存取模式，即可以通过馆际互借、文献传递、数据库或因特网服务来实现。对于具体何种类型的文献应该采取哪种模式，除了通过利用率来判断外，还应做有关经济性分析，即能否以最少的花费获得尽可能多的信息；时效性分析，即能否迅速、便捷地为读者获取所需信息；易用性分析，即是否好用，是否符合读者的信息利用习惯；用户分析，即经常分析用户反馈信息，了解读者在使用过程中的满意程度。

二、资源类别结构

（一）专业知识型

高校图书馆中与学科相关的专业类文献占比通常为60%~80%，高校图书馆因学科偏重不同，重点学科文献资源类别比重大多超过一般学科。专业图书馆中，专业类文献类别的比重超过80%，专门为专业型读者提供专业性较强的研究型文献，如专业图书、专业期刊、工具书、参考书等。公共图书馆中专业知识型文献类别比重为30%~40%，主要满足学习型读者的专业型需求，其他类型以文化、教育、文学、艺术为主。

（二）休闲娱乐型

从历年各类图书出版情况看我国图书的基本需求情况，可以发现G类和I类图书占有比重一直很大，这说明 G、I 类读者一直是一个大群体，而且需求是持续的。如果根据文献的利用率，可将文献建设分为专业馆藏建设、特色馆藏建设、一般馆藏建设，那么休闲娱乐型属于一般馆藏建设，而且应该拥有一定规模。通过比较可以发现，休闲娱乐型图书的建设比重，专业图书馆明显小于公共图书馆，这与读者受众的群体划分也是一致的，专业馆的读者偏专业型，多以研究为主，中小型图书馆的读者多以社会性学习和休闲娱乐为主，大型图书馆的读者呈多样化趋势，但休闲娱乐型读者占比不少。一般来说，休闲娱乐型图书的建设应当以各自的存储等级和读者受众的需求为准。

（三）素质教育型

国家重视公共文化建设，使素质教育得到进一步重视，对比近几年的图书出版情况，涉及素质教育类的图书、教材出版同比有所上升，K 大类、Q 大类等同比上升，儿童科普读物、创业类图书增量突出。可见国民阅读需求中，素质教育类型开始得到不同程度的重视，尤其是公共图书馆建设，对素质教育更为重视。在近两年的国家公共文化专项建设中，涉及通过公共图书馆、文化馆开展多种文化推广活动以及建设社区、乡村图书馆以提高民众文化素养的项目多达 20 多项，几乎占立项项目总量的四分之一。由此可见，公共图书馆中素质教育型图书结构比重应有所提升，休闲娱乐型应有所减少，一方面作为公共文化服务机构，倡导素质教育，提升国民素养是其基本职责；另一方面，减少休闲娱乐型的结构比重，可以减少大量重复出版的图书，避免资源浪费。

（四）生活指南型

生活指南型读物的需求量近年来不断攀升，原因是国民对生活质量的要求不断提高，食品安全、医药卫生、法律纠纷等都是国民关注的问题，生活指南型读者对该类图书有更为实际的需求。T 类一般工业类中，有关食品安全的图书增量突出。如今大量图书馆会针对老年读者开展健康养生、医药急救方面的图书展借活动，也曾针对青年女教师开展健康美容、心理健康、家庭方面的图书展借活动，反响较好，图书馆可适当增加该类图书比重，强调馆藏的实用性。

三、资源藏态结构

（一）传统藏态模式

大多数传统型图书馆经过多年的文献资源建设，图书体量大，内容丰富，为方便读者获取，方便文献区分和管理，通常按中图法排序，形成传统藏态模式。这种模式通常先以文献载体做初步划分，然后以中图法做二次划分，使大量文献有序排列在指定区域，这样读者可以根据索书号顺利查找想要的读物。对图书馆而言，传统藏态模式是按照学科进行多级分类的排序方式，较为系统、科学。

（二）阅读推广模式

资源藏态除了传统模式，还可以根据阅读推广的需求采用其他的模式。

1. 需求模式

需求模式即按照读者对文献资源的需求类型进行分类排序，根据相对固定的读者群体的阅读需求，对文献资源做简单划分，如针对休闲类读者划分出小说类、文艺类、励志类，针对生活类读者划分出旅行类、烹饪类、健康类，针对学习类读者划分出计算机类、金融类、法律类，等等。需求模式没有严格按照学科分类进行文献资源排序，但根据读者的需求非常直观地对文献资源进行了区域划分，对读者获取文献资源有直接的推荐和引导作用。

2. 特藏模式

特藏模式是指根据对某种特殊文献的特别需要进行文献排序和文献划分的模式，适用于有特殊用途、特别收藏的文献，例如，地方特色文献、学科特建文献、稀缺文献、古籍善本等。已经有很多图书馆为建设系统性的地方文献库，收集并建立了包括藏羌文化文献、文昌文化文献、李白文化文献在内的地方纸质文献库和电子文献库，设专题进行推广，填补了当地方文献系统化建设的空白，为学者研究当地历史和传统文化起到了重要作用。特藏模式针对特藏和特色文献，有利于该类文献资源的保存、管理和推广利用。

3. 推广模式

推广模式是指根据阅读推广的需要设立文献资源专架、专区、专库，以专题形式引导读者获取该类文献，实现阅读推广文献资源的目的。

第三节　资源构建链接体系

一、资源构建链接体系概述

（一）内容

资源构建链接体系包括资源前端链接、资源中端链接、资源末端链接。

资源前端链接包含供应商、出版商、配给商、图书馆文献采编部门，是由供应商、出版商、配给商等构成的外部供给环境与由图书馆内部文献采编部门构成的内部需求环境形成的链接端，是整个链接体系的基本前提。

资源中端链接包括文献采编部门、文献流通部门、文献推广部门、文献信息部门、文献技术部门，是图书馆文献资源建设的内部运行环境，是整个链接体系的中间环节，联系着前端外部环境的供给和末端读者的需求。

资源末端链接包括文献流通部门、文献推广部门、文献信息部门、文献技术部门和读者，是图书馆内部运行环境和外部读者群体的链接端，是整个链接端的末端环节。

（二）特征

1. 整体性

由于文献配置目标的实现是整个配置链系统作用的结果，只有协调好整个链接系统内部的关系，文献配置的作用才能真正体现。因此，文献配置链具有整体性，文献配置链的提升是建立在整个链接系统协调一致的基础上的，而非局限于单一环节。

2. 开放性

文献链接系统并不是独立的，而是嵌入在服务网络中的，因此，它需要与文献机构其他部分的系统保持联系，获取来自其他途径对文献配置的经验和借鉴。此外，还需要与其他文献机构建立联系，相互之间形成交流机制，分析工作经验和工作成果。

3. 动态性

无论外部环境还是内部环境，链接系统不是一成不变的，需要不断改革和创新，使得文献资源构建更适应服务对象、市场变化的需要。因此，文献链接体系要时刻关心内部环境和外部环境的变化，及时调整目标、方法、管理、技术等。

（三）意义

1. 价值理念层面

从读者需求和文献价值角度出发，使文献资源建设的中心从馆藏向服务转移，有助于解决长期以来存在的藏与用的矛盾，促使文献资源发挥其原有价值，使文献机构凸显自身价值。

2. 营销理念层面

将读者作为受众，强化阅读推广的主体作用，运用营销的各种理论和方法，缩短读者与外部环境的距离，促使馆藏更好地被使用。

3. 供给理念层面

通过主动获取读者需求，改善供给端的供应状况，形成良好的外部市场环境，链接供应端和需求端，缩短供应与需求的距离，改变供应和需求相差甚远的状况。

4. 效益理念层面

通过改善链接系统的各个环节，改善整个内部和外部环境，促使文献机构提高存储功能，提升文献机构的存在价值。

（四）运行机制

链接体系表示了文献机构内部与供应商、用户之间的产品和服务的活动过程。它反映了文献机构与供应商、用户之间越来越密切的依存关系。文献机构通过分析前端供应商的产品质量和服务特点，供应商素质的高低差异以及产品价格来进行综合评定，以选择理想的供应商进行合作。这种合作关系要找到双方利益共同点，以建立持续稳定的关系。这样既可以保证文献机构与文献供应商双方互利互惠，还能促进文献链的完善和改进。用户是文献链的对象和终极目标，文献建设的理念是建立一套用户满意的机制，用户服务至关重要。文献机构在用户服务过程中，须积极建立文献机构与用户之间的交流机制，一方面通过分析用户需求建立一套适应用户需求的服务体系；另一方面通过用户推荐等途径积极引导用户参与到文献链的各个环节中。

二、资源前端链接

（一）定义

资源前端链接是供应与需求的衔接链，是图书馆采编部门与图书市场之间的链接关系，它们的关系不是需求关系，而是沟通需求与供给的纽带，决定文献资源建设的内容，向读者提供哪些文献资源。

（二）运行机制及作用

图书馆采编部门获取需求信息，将需求信息传达给最前端的出版商或供应商，出版商或供应商根据需求做好供给，同时保证供给的速度、质量、数量。

前端链中的供应者——出版商。出版商是图书生产者，作为上游供货者，决定图书市场的供应种类、数量和质量。

前端链中的供应者——供应商。供应商是链接图书馆采编部门和市场的中间环节，是图书市场的组织者，为供需双方提供信息交流，构建供需渠道，提供图书供应的后期服务。

前端链中的运转者——配送商。配送商是供应商服务的一部分，负责图书的运转和流通，决定图书市场的供给速度。

前端链中的服务者——图书馆采编部门。图书馆采编部门是前端链上直接为下游读者提供图书资源的部门，根据读者需求对图书进行合理配置、标准化加工。

（三）重要意义

1. 信息沟通

沟通供应端（市场）与需求端（读者）之间的供需信息，将供应信息传达给读者，将需求信息传达给市场，形成文献采集的初步方案。

2. 文献推广

掌握供需双方信息，便于开展相关的阅读推广活动，实现阅读推荐与阅读引导并行。

3. 文献采集与组织

对采集的文献进行再次组织加工，形成供读者利用的新的文献信息。

三、资源中端链接

（一）定义

资源中端链接是建设与需求的衔接链，是图书馆采编部门与各阅览室之间的链接关系，是读者与图书馆需求关系的中介，它既要从前端链获取市场有效信息，又要从末端链获取读者需求信息。

（二）运行机制

中端链中的信息汇集地和文献加工者：图书馆采编部门，负责文献规划、采集、有序加工。

中端链中的文献服务者：图书馆流通部门，包括文献空间布局、文献上下架管理、文献整理维护、文献借还服务等环节。

中端链中的技术服务者：图书馆技术部门，包括文献管理平台运行、基本保障设施运行、文献使用信息获取、读者行为数据分析、技术手段创新五方面。

中端链中的信息服务者：图书馆信息部门，包括初级文献信息服务、二次文献信息服务、知识创新服务三个层次。

中端链中的推广服务者：图书馆推广部门，包括文献资源推广、文献信息推广、服务手段方式推广、服务理念推广四方面。

（三）重要意义

中端链是阅读推广的主体，是链接读者与市场的中介。采编部门通过另外四个部门获取完整、系统的需求信息，用以指导文献资源建设的规模、类型、结构和藏态，正确处理供应与需求的关系。

四、资源末端链接

（一）定义

资源末端链接是推广与需求的衔接链，是图书馆与读者之间的链接关系，要向读者展示有什么。它们构成了一个有逻辑时序、有相互反馈、有相互影响的运行系统，形成必然的内在机制。

（二）运行机制

资源构建链接体系是一套读者需求信息不断产生，不断汇集，不断循环的内部运行环境，向读者传递供应信息，提供直接的需求服务，同时，又将读者不断产生的需求信息，传递给外部环境。

图书馆流通部门：文献内容推介者和需求信息的收集者。

图书馆技术部门：服务手段的创新者和读者获取文献信息的收集者。

图书馆信息部门：知识创新者和文献情报信息需求的收集者。

图书馆推广部门：文献推广者和文献使用体验反馈的收集者。

图书馆采编部门：文献内容、文献获取、情报信息、用户体验信息汇总地。

（三）重要意义

资源末端链接有助于建立阅读推广运行机制，保证内部环境的有序进行；通过向读者呈现文献，推介资源，推荐文献，确保外部读者信息的顺利获取，促使读者从阅读中获取知识、利用知识、创新知识。

第四节 图书资源构建模式

一、传统资源构建模式

政府采购模式，即政府根据图书馆提供的采购内容、参数、标准面向社会进行统一招标，符合条件的书商入围竞标，选取价格有明显优势的书商作为供应商，供应商根据标书要求签订合同并兑现承诺。

二、新型资源构建模式

按需采购模式，即政府实施统一招标后，中标供应商按照读者基本需求进行图书配置。现如今大部分图书馆为提高文献资源利用率，改变读者的被动状况，采用"用户集中选购+读者随时圈选"的方式来采购图书，建设"必读+想读"的馆藏模式。

用户集中选购的方式：开展读者需求调研，获取读者需求信息，建立初步的购置规划，形成采选书单，由供应商按照需求进行集中采购。需求信息获取的途径：学院专业需求调研、学科馆员推荐、专家教授推荐等。

读者随时圈选的方式：图书馆采编部门收集书目信息，经过初步筛选后，有针对性地发布给读者，由读者自主选择。实现途径：书单圈选、即选即借、图书展借活动、走读书城、馆中书店等。

图书馆文献资源构建的重心发生转移，转为向供应商购买服务，不再仅仅是买书。供应商提供的服务范围除了常规的集中订购、限时配送、数据加工、图书加工外，还产生了现场采选、即时加工、先借后买等新的服务。

文献构建回归价值观念，供应商的角色发生转变，不仅是处于前端链外部环境，而是直接参与到读者需求中，形成书商寻找读者，参与阅读推广的良好局面。

随着供给侧的改变，图书馆的角色发生转变，图书馆从满足需求转变为引领需求，通过改善与外部市场环境的交流，开阔采购视野，改变图书信息获取渠道和方式，对供应商提出更高的采购需求，有效保证图书品质。

三、资源构建关键环节

（一）招标组织

招标组织是文献采购的前期环节，是向外部市场环境表述读者需求的关键步骤。通常的做法是将读者需求具象化，具体到需要哪一类书、哪一种类型、多少复本量，但招标采购的核心不是单一的购书，而应该是购买其服务。通过购买服务确保提供给读者更好的图书、更好的服务。

（二）编制订单

编制订单是文献采购的技术环节，单一采购模式下通常由具有专业背景的从业人员进行大规模定制，然而定制内容产生于少数专业有限的从业者，而非读者，容易产生订单与实际需求背离及供求不符的现象，导致经费浪费，馆藏利用率低。更合理的方式是杜绝图书馆主观性编制订单，由中标供应商提供书目信息供读者圈选，同时建立现场推荐、网上推荐渠道，主动获取读者需求信息，汇集形成订单，由供应商根据订单供货，有效避免文献资源的重复和盲目建设。

（三）定向购买

除了以上两个关键环节，定向购买是图书馆文献建设中的第三个关键环节。除了满足读者需求，图书馆还应发挥主观能动性，积极开展精品资源建设，培养读者阅读优质文献资源的习惯。

定向购买途径：从行业评价、获奖信息、权威推荐等渠道获取好书信息，定向购买后，通过中端链推荐给读者。定向购买避免了读者需求的盲目性，确保优秀文献资源源源不断入藏，形成具有阅读影响力的精品文献资源、特色文献资源。

第四章 阅读推广设施与队伍建设

第一节 城市与公共图书馆

公共图书馆是城市文化的象征，不仅记录了城市的变迁，还记录了城市文化发展的过程。公共图书馆给人们带来了舒适的阅读体验，让人们从中获取了知识，并利用这些知识来推动城市的建设与发展，公共图书馆与城市文化发展具有密不可分的关系。

一、公共图书馆是城市发展的文化地标

公共图书馆在文化发展中发挥着重要作用，图书馆不仅保存和记载着居民在城市发展中的足迹，还在一定程度上体现了城市的文化水平，图书馆拥有的知识存储量以及文化传播的影响是任何机构都无可替代的。对于文化发达的城市来说，剧院、美术馆、博物馆以及图书馆这些文化基础设施是必备的，体现了城市的文化素养。

公共图书馆是城市文化建设的基础，可以提高人们对文化的了解程度，进而提升城市文化的整体水平，是衡量城市文化发展的重要标志。由此可见，公共图书馆不仅是城市文化形象的体现，还是城市文化发展水平的标志性建筑物。街道图书馆以及省区市图书馆面向大众开放，方便市民进行图书的借阅，进而提高人们的文化水平。除此之外，公共图书馆还可以举办各种活动，包括以读书会、座谈会、书展等形式为主体的文化交流活动，以及以文化聚会、文化讲座等形式为主体的文化娱乐活动。其目的就是为不同职业、不同文化水平以及不同年龄的人

们提供一个交流平台，让大家在交流的过程中提高文化水平。由此可见，公共图书馆在推动城市文化发展过程中发挥着重要的作用。与此同时，城市文化的继承与发展离不开公共图书馆。文献作品是图书馆的重中之重，公共图书馆收藏着大量的文献典籍等历史文化资源，记载着城市历史发展和变迁，这些资料都是重要的历史文化资源。

二、公共图书馆是构建学习型社会的重要平台

城市作为政治、文化的中心，面临着人口、环境、能源等资源不平衡的严重问题，社会、经济、政治等相互交错的问题，还有技术发展过快、公共安全隐患、贫富差距大以及人员流动性大等诸多问题。这些问题给城市的发展带来了新的挑战。因此，许多专家以及学者把研究方向转向了学习型社会建设，认为这种方式可以使城市更快地发展。其根本在于传统的专业教育已然不能适应社会的发展，社会亟须可以提高学者自身竞争力的教育模式，让大家不断地学习。通过促进民间机构与公共部门的相互合作，共同建立城乡图书馆，并规范公共图书馆的规章制度，为大家实现更好的阅读提供了便利。公共图书馆向大众开放，市民可以平等地进行借阅和获取文化信息，可以促进大家文化水平的提升，进而实现社会教育的功能。

与此同时，在公共图书馆中，一个人无论拥有多大的地位和权力，都与众人拥有相同的权利和义务，每个人接受的服务也是一样的，都可以自由地获取想学习的知识，平等地接受各种信息，这种做法保障了弱势群体的权利，让他们也能享有阅读的权利、提升文化水平，进而缩小了城市不同群体间的文化差距，在一定程度上提高了城市群体间的文化层次，使之达到了精神上的融合，便于形成共同体的认同。因此，公共图书馆是推进学习型社会建设、市民接受终身教育的重要场所。

三、公共图书馆是实现全民阅读的重要手段

在城市推广全民阅读，不仅促进了城市文化的发展，还提高了城市人们的文化水平。它既可以提高人们的阅读水平以及文化素养，还在一定程度上推动了城

市文化的发展。在全民阅读浪潮中，城市的图书馆不仅要吸引人们的阅读兴趣，还要保持平等、开放、全心全意为人们提供优质服务的理念，为城市文化的发展贡献一份力量。城市文化由古至今发展而来，其变迁离不开风景名胜、城市地标建筑以及名人故里，相比于乡村文化、部落文化来说，当前的城市文化主要是人口高度密集区域的现代文化。在城市的发展过程中离不开现代文化，它的核心要素是时尚、爱国、学习、创新以及追求公民意识等方面。

公共图书馆承载了城市文化的发展与变迁。现代城市文化的发展离不开阅读学习，书店和学校在一定程度上可以丰富大家的阅读量，但是只有公共图书馆是向大家无偿提供阅读服务的机构。公共图书馆的日常工作就是进行阅读推广，让大家学习知识。公共图书馆无条件地帮助那些经济困难、文化程度低、身患残障等不能正常进行阅读的人群，希望他们可以通过阅读知识改变自己的人生，丰富自己的知识量，使自己的精神世界得到满足，进而减轻痛苦。从阅读环境的角度来看，图书馆可以为市民提供沙龙式的读书活动、儿童阅读启蒙以及丰富的阅读资源，这种环境是其他机构以及学校创造不了的。与此同时，图书馆不仅开通了无障碍通道，还解决了弱势群体阅读障碍的问题。图书馆以切身行动为城市文化建设贡献出自己的力量。

四、公共图书馆是弘扬城市精神的重要场所

城市的主要特点是外来人口多以及人口流量大。城市民众要想与外来人口和平共处，就需要有社会包容的意志品质。如果在相处过程中缺乏包容的品质，城市民众就会与外来人口相互排斥，导致社会失去平衡，进而影响城市的发展。为了促进城市的社会包容，需建立公共场所，使大家都能和平共处。图书馆就是符合这一要求的公共场所，它对于进入的人群没有限制，对所有的人都持有平等的态度。在公共图书馆里进行阅读的人们拥有平等的权利，大家在同一个空间下休闲阅读，享受相同的资源和服务，与此同时也遵循着同样的图书馆的规章制度。公共图书馆是大家共同学习的场所，也是有利于推行社会包容的场所。

与此同时，公共图书馆可以培养公民意识。现代城市文化的发展离不开公民意识。公民意识在城市文化中起着重要的作用，主要体现在平等意识、善待弱者

意识以及公民的权利意识等方面。若这些公民意识不存在，社会的秩序就会紊乱，民主制度将无法实施，进而导致公民没有安全感。从培养公民意识的角度来看，公共图书馆不仅可以通过提供平等的借阅服务帮助市民提高公民意识，还可以通过对所有人免费开放、帮助弱势群体等手段提高公民意识。总而言之，图书馆为社会公众提供了平等阅读的机会，进而提升了公民的公民意识和文化水平。

当然，城市文化发展水平也影响着公共图书馆的发展前景。一般来说，城市文化发展得越快，这个城市的文化氛围就会越浓厚，市民的文化素质和城市整体的文化水平就会越高，公共图书馆的数量也会相对较多。反之，如果城市的文化发展水平较低，则公共图书馆的普及率就会偏低，服务水平和质量也就不会高，在此影响下的市民整体素质相比文化发达城市也就会有一定差距。这一客观规律在国内外许多城市的发展中得到印证，从经济社会发展来看，改革开放前和改革开放后公共图书馆的发展数量和质量明显说明了这一点。由此可见，随着经济不断的进步与发展，人们更加追求精神需求方面的满足，城市之间除了经济实力外，还更加注重文化水平的差异。因此，公共图书馆事业的发展是与城市文化的发展相互促进、共同推动的。

第二节　公共图书馆阅读推广形式

一、公共图书馆讲坛设计

（一）图书馆讲坛的开设意义

城市中的公共图书馆对于整个城市来说必不可少，承载着一个城市的文化与传承，是一个公益性的文化建设。在信息飞速发展的今天，图书馆讲座存在一定开放性，可以和公众进行互动，存在一定的权威性，满足公众需求，备受公众喜爱。

第一，图书馆讲坛是公共图书馆的服务品牌。在国际上，图书馆讲座也是非常普遍的，属于一种公众文化服务。例如，大英图书馆所举行的一系列研讨会非常受欢迎。再如，在1984年开始的潘尼兹讲座（Panizzi Lecture），每年均有举行，一般会选在每年的11月或者12月。举行相关讲座时，会有相关大英图书馆的演讲讲解大英图书馆的历史与珍藏的资料等，演讲还会出版成专辑供人欣赏。此外，美国国会图书馆也会有相应的诗歌朗诵或者讲座等活动，一般选择在库利奇大礼堂或者芒福德纪念馆，以及惠托尔厅、玛丽·披克福德戏院等地方，时间一般为年末，一些演讲的稿件由图书馆出版。近年来，国内图书馆的各种讲座也蓬勃开展，公共图书馆界逐步达成共识——举办讲座有利于提升图书馆的社会美誉度，提高图书馆的读者利用率，丰富城市文化生活，塑造城市的公共文化品牌。

第二，图书馆讲坛是阅读推广活动的载体。各地开展的读书月、"书香中国"上海书展、"图书馆之城"深圳荣获"全球全民阅读典范城市"等遍布全国的阅读推广活动，形成以图书馆为核心的城市阅读文化体验中心，各类公益讲座是重要载体。

第三，图书馆讲坛是重要的宣传窗口。综合性公共图书馆举办讲座的优势在于：丰富的内容策划与图书馆的藏书资源相对应；听众的参与程度与读者到馆数量正相关；讲座师资的有效聚集与公共图书馆的公益形象互相作用；讲座品牌的迅速成长与公共图书馆的场所价值息息相关。在这样的交互作用下，图书馆讲坛成为各大图书馆展示馆藏、组织活动、提升图书馆社会影响力的重要窗口。同时，作为党和政府的宣传阵地，图书馆讲座在重大命题和舆论热点宣传上发挥出巨大的引导作用。

鉴于公共图书馆公益服务的核心价值内涵，图书馆讲座应该具有三层特性：公益性——文化品牌的立命之本；传播性——讲座品牌的发展壮大之器；感召性——讲座品牌的精神归属之根。此外，讲座品牌还需要具备四大要素：必须符合社会需要，讲座要贴近实际、贴近生活、贴近群众；必须具有一定的知名度，要拥有一定范围内的公众知晓度；必须不断创新，自始至终保持讲座的新鲜感，才是保持品牌活力的秘诀；必须树立自身公益形象，不以营利为目的，强调知识传播与服务读者。

（二）图书馆讲坛的品牌设计

在商品经济中，"理念"是引导和规范企业和企业员工的强大思想武器，是企业向社会发出的宣言和承诺，反映企业存在的价值，是引导消费者和社会公众的一面鲜艳旗帜。当下的"理念"早已不局限于企业、商品和消费者的简单循环，而是扩展到事业、品牌和社会发展的各个领域。

1. 图书馆讲坛名称的设计原则

讲坛名称是品牌形成的首要元素，是提供品牌基本的核心要素，反映讲坛的基本定位与目标，给读者、听众以先入为主的印象与评价，只要提到讲坛名称，就能使人们联想到其品牌特点与定位。因此，讲坛命名一般遵循以下原则：

第一，突显地域名称，易懂好记，标志性强。重庆图书馆的"重图讲座"、上海图书馆的"上图讲座"、黑龙江省图书馆的"龙江讲坛"，都直接以地名命名，让人一目了然，好记易懂。

第二，突显文化内涵，意喻深远。很多城市都有悠久的历史与灿烂的文化，运用该城市文化特色或历史人文典故命名，可使讲坛名称象征着文化内涵，让人回味无穷。国家图书馆"文津讲坛"，即借用古代藏书楼"文津阁"的名称，象征神圣的文化殿堂、丰富的馆藏资源、五千年文化和古老文明，贴切而又响亮。

2. 图书馆讲坛的核心理念

与讲坛名称相对应的是对核心理念的归纳和提炼。核心理念的提炼除了要求准确、富有个性、表达简洁，还应符合图书馆的实际情况、城市文化个性和业务优势。提炼出认同感强、具有感召力的文字表述，是讲坛品牌的价值追求，也是事业精神的高度概括。例如，上海图书馆的"上图讲座"，在数十年发展中形成"积淀文化，致力于卓越的知识服务；世界级城市图书馆；精致服务、至诚合作、引领学习、激扬智慧"的发展目标、愿景和核心价值观。

3. 图书馆讲坛品牌的视觉设计

视觉设计对一个公共品牌来说必不可少。关于讲座标志，其设计通常需要把讲座的特点、品质及价值理念等要素，以符号的形式传递给听众，创造听众的认知，促进听众的联想，使听众产生对讲座的偏好，进而影响讲座所体现的质量与听众的忠诚度。

讲座标志一般应具有简明易认、内涵深远、视觉新颖等特点，以达到艺术与文化的完美结合。例如，上海图书馆讲座标志，由变形英文字母"SLL"与汉字"上图讲座"组成。"上图讲座"英文表述为"Shanghai Library Lecture"，因此，本标志以英文字母"SLL"为设计主体：右面的 L 以发散的光波形状象征讲座的知识传播功能，左边的"L"则呈现球形，象征传播范围遍及全国乃至全球，充分体现上图讲座将辐射全国，甚至全球的雄心伟略；两个"L"又象征逗号，喻示上图讲座品牌的发展脚步永不止歇；标志右下方又标有"SLL"，其中"L"呈现话筒状，体现讲座形式的特性；标志以蓝色为主色调，充分体现上图讲座的知识性。

（三）图书馆讲坛的定位设计

讲坛的定位设计，首先需要调查公众需求以及看法，再将整体讲座的内容以及形式告知受众，同时定位讲座的品质，以及讲座过程中的问题，让讲座在开展时更加符合受众需要，举办效果更显著。

讲坛定位设计可从以下角度着手：

第一，以受众对象为定位方向。讲座整体来说，所指向的对象是公众，在举行活动时，目标受众的情况以及需求非常重要，在一定程度上决定讲座的整体品质标准。品牌效应可以对受众产生指引，又反过来影响讲座实施过程中质量标准的制定与贯彻。

通过对图书馆讲坛受众的长期观察可见，图书馆讲坛的受众主要是公益性服务群体，按照年龄划分，可分为退休老人、在校学生、在职白领等社会群体；按照教育程度划分，又可分为高级知识分子、学历偏低但爱好学习的人、正在求学的莘莘学子等；按照社会阶层划分，又可分为以行政管理为主的干部学习群体、以开阔视野和积累知识为主的职场新人群体，以及以休养生息、提升素养为主的"有闲阶层"。不同的群体对讲座内容和服务需求具有鲜明的个性选择，在做讲坛定位设计时应兼顾不同群体的不同需求。

第二，以城市文化为定位标杆。文化是城市的灵魂和精神，是一个城市的内在"气质",包括城市的精神面貌、文明程度、传统风情等。不同的城市具有不同的城市文化个性。结合所在馆和所在地方的文化特点,充分挖掘本土文化资源、当地文化特色举办讲坛,使讲坛成为城市的"文化名片",也是一种行之有效的讲座定位方式。

例如,国家图书馆"文津讲坛"和上海图书馆的"上图讲座",前者是以北京——这座历史名城的丰厚积淀作为讲坛内容资源,定位于传统文化和经典传承,讲座坚持思想性、学术性、知识性,突出雅俗共赏、普及与精深兼得的特点。上海是一座追求兼收并蓄、与时俱进的城市,虽然传统文化不及北京、杭州等古城深厚,但其鲜明的海派特色和浓厚的都市气息,是其他城市难以企及的。上图讲座"海派文化"和"都市文化"专题,力求充分显现其"都市"性,把东方大都市海纳百川、各方杂处的文化精神充分展现出来。

(四)图书馆讲坛内容的设计

讲坛成功与否,虽然与很多客观因素相关,但最核心和最根本的因素还是讲坛的内容策划,也称为内容设计。内容设计是建立在充分了解听众需求、积极调动社会资源、努力发挥团队协作能力基础上,是讲坛品牌建设过程中的关键环节,体现图书馆讲坛的能力与实力。

做好图书馆讲坛的内容设计,一般有以下四方面:

1. 专题活动的设计

随着科技的发展、时代的进步、生活水平的提高,市民对讲坛内容提出了更高要求,希望图书馆能提供更丰富、更全面、覆盖面更广的知识讲坛,因而图书馆讲坛在内容上需要不断创新。这样的文化需求,随着各个图书馆举办讲坛的经验积累,已经逐渐得到满足。

针对不同层次和不同群体的文化需求,不同领域、不同主题的讲坛内容纷纷登场——时政热点、文化艺术、社会法律、科学教育、经济金融、健康生活,与工作、生活、爱好相关的各领域专题都有涉及。

2. 节庆活动的设计

除专题式的讲坛内容之外,公共图书馆另一个重要的职能是丰富市民的闲暇文化生活。事实上，很多图书馆的讲坛都是以休假日进行命名，因其讲坛定位、讲坛内容不同，可谓千姿百态。例如，浙江图书馆的"假日讲座"、福建省图书馆的"东南周末讲坛"、厦门图书馆的"周末知识讲座"、山西省图书馆的"周末讲坛"等。除了休息日，元旦、春节、"4·23"世界读书日、六一、国庆等重要节庆日的相关讲坛设计也是重要组成部分。

以下通过援引上海图书馆的相关案例，揭示节庆活动设计的三个原则：

应时应景：中国百姓对传统节日，如春节、元旦、中秋、端午等延续至今的节庆具有深厚情结。节庆休假日的图书馆讲坛活动在向市民提供文化学习和休闲选择之外，又具有聚集人气、传承文化的意味。所以，节庆讲坛的设计更需要体现节日元素。例如，上海图书馆的"中国优雅"专题，分成"人间烟火——春节民俗与美食""幸毋相忘——新年话旧饰""澄怀观道——文人香事"，涉及民俗、美食、香道、收藏等各个领域，既有寻常百姓的人间烟火，又有文人雅士的古风清玩，力求多角度展现中国人传统生活方式的智慧与优雅。

曲高和"众"：与传统节日不同，一些节日具有主题性，比如，"国际三八妇女节"或者"世界健康日"。作为阅读推广最前沿的图书馆讲坛，近年来，每逢"4·23"世界读书日来临，总是会举办相关专题的活动。这里要兼顾好图书馆的引领作用和大众的接受程度，也就是说"曲高"也必须"和众"。

把握导向：讲坛不仅是文化品牌，更是重要的舆论宣传窗口。其重要职责还包括追踪热点、辨别是非，是文化宣传的重要阵地。因此，每逢与国家利益相关的节日（如国庆节），图书馆应策划能够凝聚民族情感、抒发爱国情怀、坚持正确导向的讲座活动，以烘托节日气氛。

3. 高端会员沙龙的设计

在满足社会大众文化需求，高举公益性大旗开展公共文化服务的基础上，越来越多的城市出现更高听讲需求的社会群体。他们对讲坛的内容和嘉宾有更高要求，希望内容更前卫，嘉宾更权威，形式更时尚，服务更到位，并愿意为此支付一定费用，以享受更加私人化的听讲服务。

4. 定制类的设计

图书馆讲坛的日常组织和运行一旦常态化，品牌影响力也会随之上升。这个阶段会出现多种可能，如合作性、个性化的办讲模式，这种有既定的听讲对象、明确讲题指向，甚至有具体的讲座类型要求和增值服务要求，都属于定制类讲坛设计。

（五）图书馆讲坛效果的设计

图书馆讲坛是落户在图书馆主体建筑内，有固定空间和服务规模。尤其是当下体验经济大行其道，公益设施日趋现代化，人们对公共服务带来的现场感和参与感要求更高。

1. 场景设计

随着公共图书馆界新一轮建设热潮的兴起，各地新建馆舍的硬件、软件条件今非昔比。就讲坛而言，场地要求以方便、实用、适当为主要原则。一般根据听众人数、对现场效果的预期进行合理安排。就国内举办讲坛较为成功的公共图书馆来说，能够设置200~400个座位的场所较为适宜。场地大小、座位多少、座位摆放、背景呈现、灯光控制和氛围营造，均对讲座效果产生直接影响。

根据演讲主题和演讲人的具体情况，场景布置设计需要注意以下要素：

一是背景呈现，也就是主题会标，一般需要体现讲坛冠名、讲坛主题、演讲人信息、主办单位名称等。不同内容的讲座配合不同内涵的美术设计，令听众进入讲坛场所就能立即感知讲坛的主题内容，以及主办者力图传达的信息。

二是讲台设计。如果是一个人主讲，可选择配备立式讲坛或者传统型课桌；如果是两个人以上同场主讲（往往会有主持人串场），则需要按照讲课内容的侧重，安排主次座位。同时，内容的差异性也决定场地的个性化布置。例如，"民国故事"系列讲座，现场应准备红木座椅和茶几，一入会场就会融入讲座氛围；悬疑故事讲座，应在台中放置单人高脚凳，配合以暗场追光，呈现悬疑的感觉。

三是氛围设计。在围绕讲坛内容主题设计会标和布置场景的同时，某些确定的设计元素还适用于同场讲座的其他物品和网络宣传，比如，台卡、话筒上的标志（LOGO）、场内摆放的宣传海报、免费派发的讲课提纲或刊物等。同时，不要忽视细节作用，细节常常可以在讲座结束后延长听讲感受，是品牌宣传的重要手段。

2. 音效设计

当代讲坛离不开科技手段的辅助，如灯光、投影仪、音响、视频等。图书馆的现代化设计使得这些设备的运用成为可能。例如，杭州图书馆有专门的影音厅，配备一流的音响设备，听众可在影音厅内试听维也纳新年音乐会。

会议音响设备一般有有线麦和无线麦两种。前者抗干扰性好，保密性强，但移动不方便；后者移动方便，但抗干扰性相对较差。讲座中常采用的有桌面台式麦克风和手持麦克风。落地式麦克风与微型麦克风一般在朗诵会和舞台效果较强的讲座中使用。麦克风的高度最好不要超过主讲人的肩膀，尤其是落地式麦克风，否则，极易从正面遮挡演讲人的脸部。

为了给讲座现场的听众创造良好的听觉环境，一般可以从以下三方面着手：

第一，主讲嘉宾的声响控制。音箱的位置安放合理，不造成视觉侵占，又能够保证声响传达效果理想。音量控制得当，保持适中，力求使会场内呈现出最佳音响效果。

第二，环境音响的控制。尽可能地屏蔽讲坛现场的杂音，避免各种喧闹声。

第三，调节性音响控制。讲坛开场时播放与讲坛主题和气氛相和谐的背景音乐，帮助读者进场后迅速调适情绪，达到安静听讲的状态。

3. 灯光设计

当代讲坛对于灯光的作用已经具有鲜明的潮流意识。然而，目前国内大部分图书馆讲坛做不出专业剧场的灯光效果，下面仅对普及型讲坛的灯光设计进行分析。会场内灯光一般要求有足够的亮度，尤其是照射在会标、主席台中心区域及其桌面上的灯光既要有均匀度、柔和感，又要有必要的光亮度。听众席区域还应以便于大家现场做笔记的柔和光为主。特别需要注意的是，光线不可直射现场人员的眼睛。会场外，比如、门口、通道等处，宜采用明亮灯光，以方便听众入场通行、保障安全为原则。

（六）图书馆讲坛的衍生服务设计

图书馆讲坛通过数年如一日的积累，在讲座本身之外还将会产生一大批与讲座相关的衍生产品，比如，讲师资源库、讲座文字稿、讲座课件、视频音频资料、讲坛刊物、讲坛出版物等，这些产品丰富了讲坛服务的内涵，延长了业务价值链，使得讲坛品牌的多元化发展成为可能。对于衍生服务，同样需要用策划和设计的眼光来合理布局。这些服务功能的完善和优化是图书馆系统建设讲坛品牌的必要条件。

1. 讲坛产品的形象设计

讲坛的视觉设计还体现在整个讲坛举办流程中需要对外展示的各个环节。前期，包括讲坛的宣传海报、宣传单、网上公告等环节，在形象上不仅要凸显讲坛的品牌品位，而且要注意体现讲座内容的特有元素，尤其是一些大型的专题系列讲座，更需要在精心的画面设计之外突出主办元素，即本专题系列或本次讲坛的主办单位名称、标志、排序等。在实施阶段，要在会标、舞台设计、招贴、现场布置和氛围营造上融入设计感，其原则是要与讲坛标志相统一协调，在文字、色彩、构图上充分体现讲坛的整体风格，具有较强的视觉识别功能。在讲坛后期，一般认为讲坛主体工作已经完成，其实不然，讲座的音频、视频及其形成的光盘载体、讲坛的课件和文稿、讲坛的报道归集、跟讲坛有关的印刷品和书刊的出版，甚至是与讲坛有关的纪念品设计，都需要沿用以上的设计原则，形成讲坛的整体感和品牌设计感。

2. 讲坛门户网站的功能设计

在互联网时代，尤其是在移动客户端发展日新月异的当下，图书馆讲坛的人气迅速积聚，与讲坛自媒体的建设互相融合，大力拓展了讲坛的服务功能。借助互联网的优势，图书馆讲坛可以实现跨越式发展。公共图书馆的网站建设早已经全面铺开，其中，讲坛活动的更新和推广是重要也是最出彩的部分。网站建设内容涉及众多层面，在此仅对网站功能设计进行分析。一个实用的讲坛门户网站必须具有以下功能：

第一，预告讲坛内容。预告讲坛内容包括全年或全月的预告，以及单场讲座的时间、地点、主讲人介绍等详细信息。

第二，提供预订通道。在网站上可实时注册，无须复杂认证即可实现对某场讲座的预订。

第三，推送重要活动。对于大型或系列活动，需要特别宣传的专题性活动，网站有责任专门推送。

第四，提供讲坛音频或视频资源。提供讲坛音频或视频资源是网站建设的重中之重，对资源的组织和有效使用起到关键作用。

第五，增加讲坛的附加值。如讲坛刊物的数字版，通过讲坛活动的现场报道、图片，展示讲坛资源的积累、讲坛活动的社会影响等。

第六，提供兄弟图书馆共享资源。对于同业而言，网站提供的信息是同行之间借鉴学习的重要来源，更是馆际合作的重要窗口。

3. 衍生产品的规划设计

在全国公共图书馆界，讲坛举办较为成熟的图书馆都创办了专业的讲坛刊物，如太仓图书馆编印的馆刊《尔雅》被中国图书馆学会阅读推广委员会指定为"书香园地"期刊之一；上海图书馆的《上图讲座》专刊创办多年，不仅为上海市民提供精神食粮，也给全国图书馆同行提供同业参考和例证。这些人文导读刊物传播文化，拉近图书馆与读者之间的距离，成为图书馆的文化名片。

刊物之外，讲坛的衍生产品中，课件、文稿、音频、视频都是进行二次传播的极佳手段，规划设计产品的使用情况，是提升品牌影响力的重要内容。

第一，结集出版丛书。对讲坛讲稿的收集整理和结集出版，已成为同行之间的共同做法。最具知名度的莫过于国家图书馆"文津讲坛"系列丛书。"文津讲坛"是国家图书馆主办的公益性学术文化系列讲座，属于国家性质讲坛，且为著名品牌。"文津讲坛"的中心是为百姓服务，其中的文化资源非常丰富，符合我国传统文化教育，每次讲坛都会有很多学者进行演讲。当然，"文津讲坛"不是只有在现场才可以看到、听到，每场讲坛都会有相应的工作人员进行录制，且会完整保存，编辑整理，最后在图书馆珍藏，供公众阅读使用。还有一部分讲座，比如，"全国文化信息资源共享工程"，公众可以随时免费通过网络观看。此外，"文津讲坛"的很多精选内容会单独进行编辑整理，对应的书籍是"文津演讲录"，可以满足很多公众需求。

第二，音频、视频资源的再开发。讲座的现场录音、录像已经非常普及。对于摄录下来的音频或视频文件除妥善保管存档之外，利用这些文件进行再次传播，能够收到意想不到的效果。例如，"上图讲座"与电台的品牌节目《市民与社会》合作，该节目因为多次邀请政界或商界名人而被市民广泛关注。节目以现场采访为主，但是周末档期的编排常常遇到困难。"上图讲座"以公益性讲座录音弥补了节目空白；经过电台专业编辑制作的录音文件具有传播性，这些文件再次成为图书馆制作宣传品的内容支撑。视频文件也是如此，不应忽略讲座数字化成果的长期积累，是品牌资源中最有潜力，也最有价值的一部分。

第三，讲座文稿的媒体共享。作为公共资源，各大公共媒体与图书馆之间长期存在互相需要、友好合作的关系。媒体的参与放大了图书馆的社会效应，图书馆的资源又为媒体提供了可持续发展的支撑，尤其是内容精彩、主讲人知名度高的讲座，媒体常常趋之若鹜。

抓住需求，公共图书馆应适时打造相应品牌，不仅可以通过媒体放大活动效应，还能够打开长期合作、凸显品牌价值的通道。比如，在媒体上开设专栏，定期刊登讲座文稿，或提供现场录制的音频、视频文件，在宣传氛围和细节上做足文章，在公众视野内尽可能展示图书馆讲坛的文化符号和个性元素，让更多的人知晓讲坛、熟悉讲坛。

（七）图书馆讲坛的主持人

讲坛的主持人是讲坛效果设计中最重要，也是最具魅力的一部分。这些年，图书馆讲坛的兴起带动了一个新的职业岗位，那就是讲坛活动的策划与主持。讲坛主持人是主讲嘉宾和听众之间的桥梁和纽带。图书馆讲坛主持人集策划者、组织者、主持者于一身，从讲座的选题到联系主讲嘉宾，讲坛内容和时间地点的确定，乃至讲坛信息的发布、宣传均需要主持人的精心安排。

讲坛主持人是讲坛进程的动力和向导，成功的主持人必须掌握因势利导与处理难题（化解尴尬、控制情感、传递信息）的艺术。可见，主持人优秀与否和讲坛能否成功有直接的关系，因此，对于主持人的素质、形象、礼仪和风格设计也是讲坛效果设计中的重点。

1. 主持人的岗位职责

与主讲人顺畅友好地沟通：主持人应事先与主讲人就讲坛事宜进行充分沟通，如确认讲坛时间、讲坛题目、讲坛内容，主讲人简介，主办或合办、承办单位等相关信息，了解主讲人的演讲习惯，是否使用PPT等多媒体资料。有很多讲坛是需要主持人全程参与讲坛内容的，那就需要主持人成为讲坛嘉宾的朋友，充分沟通，寻找话题，设计流程。

掌控现场流程：图书馆讲坛一般的流程为：开启讲坛、介绍嘉宾、简述讲坛内容、主讲嘉宾演讲，以及后半部分的现场提问、总结讲坛、下场预告等。整个讲坛过程，主持人必须自始至终严格监控，根据现场的情况随时做出反应。

呈现完美的讲坛效果：主讲人在讲坛的最后阶段，一般会与听众进行互动交流，在这一环节，主持人需要善于掌握节奏。主持人在倾听主讲人与听众交流的同时，需要思考话语的衔接、贯穿，以及如何结束或切断主讲人与听众的题外话。在交流过程中，主持人可以根据现场情况将自己的立场在主讲人和听众之间进行切换，既能以主讲人的立场讲话，又能以听众的立场提问，巧妙协调好两者之间的关系。这样才能在控制全场节奏的同时，将现场气氛推向高潮，深化讲坛主题。

2. 主持人的礼仪要求

图书馆讲坛是一个传承文化的高雅场所，主持人应首先成为文化的象征、礼仪的典范。在前期的沟通和协调工作中，主持人必须言语得当、态度恭敬、有礼有节、进退有度。活动当天，主持人应该提前到达与主讲人约定好的地点（讲坛场地门口或图书馆大厅门口）等待迎接。在讲坛开始前，应与主讲人就讲坛细节再次落实沟通，将讲坛流程安排及时间控制告知主讲人会有助于其更好地准备和发挥。

讲坛开始之前，主持人先行上台提示大家将手机调至振动并保持安静；待听众注意力集中后，便可开始主持讲坛。讲坛的开场白至关重要，必须措辞简洁，引出主题，主持人应以自己良好的语言能力让听众迅速融入情境。

在讲坛结束时，主持人应用高度概括性的话语将讲坛主题和收获提炼出来，对整场讲坛进行一个提纲挈领式的总结，并表达主办方对主讲人和听众的感谢。讲坛结束后，主讲人如愿意为听众签名或合影留念，主持人需要维持好讲坛周边的秩序。在主讲人要离开时，提醒其勿遗忘随身物品并致谢送别。

3. 主持人的形象设计

讲坛主持人出现在听众面前时，所代表的不仅是个人形象，更代表图书馆的形象。一位合格的主持人总是能够精神饱满、仪态端庄、谈吐得体、举止文雅，令听众产生一种亲切舒服的"首因效应"和"魅力效应"。因此，在服饰妆容方面，具备恰如其分的风格定位就显得尤为重要。当讲坛内容比较严肃，主持人应选择端庄得体的西服、职业套装，给人以冷静沉着、落落大方的感觉；如果是关于都市生活的讲坛，听众以年轻人和时尚白领为主，主持人最好在着装上选择偏亮色调的服饰，融入一些当下流行的时尚元素；春节期间的活动主持，主持人可穿着文化意味鲜明的传统服饰；三八妇女节的庆典活动，女性主持人甚至可以盛装出现，身着旗袍或礼服，突显隆重和典雅。总之，服装的选择可以根据不同讲坛内容变化风格，但前提是大方得体。

4. 主持人的语言设计

发音标准、吐字清晰、语言流畅是对讲坛主持人语言表达的最基本要求。主持人的语言表达可透露很多信息，朴实无华且悦耳动听的语言具有无比的亲和力，不仅可充分反映主持人的学识与涵养，且能有效带动嘉宾与听众亲密无间的交流，为话题的进一步深入推波助澜。主持人一般在讲坛之前都会备稿，这是必要的准备。可实际上，现场的情况千变万化，仅局限手中一稿机械化地进行，往往难以融入现场气氛，更难以捕捉精彩瞬间。因此，主持人的语言表达能力，更体现在临场发挥上。当然，若要具备优秀的语言表达能力，学习、培训是必不可少的。

5. 主持人的控场能力

从讲坛开始到结束，主持人是除了主讲人之外唯一掌控现场的角色，对控场能力的要求非常高。讲坛活动中，特别是一些对话式讲坛，可能因为一个优秀主持人的介入，就有了自己的灵魂。在一个话题应该结束时，主持人自然地承上启下，开始下一个阶段的谈话；在主讲人一时语塞的时候，主持人给予提示、铺垫，能避免冷场；当主讲人滔滔不绝，甚至出现不当语言或已偏离主题的时候，主持人需及时巧妙地予以制止、引导；当主讲人和听众间产生过激对话时，主持人能够适宜地协调气氛。

另外，成功的现场讲坛主持人应该具有大方得体的形象，丰富的学识修养，优秀的语言表达能力、出众的掌控能力、逻辑分析能力与灵活应变能力。他能够充分调动主讲人的演讲激情，加强谈话深度，激发听众的思辨火花。应该说，主持人在为整场讲坛活跃气氛、穿针引线、深化主题等方面，起着举足轻重又无可替代的作用。

二、公共图书馆开展读书会

民间读书会是全民阅读推广的重要组成部分。我国民间读书会有的是由出版社作为主体建立起的读者俱乐部。这个团体建立的初衷或者共同点可能是喜欢同一个作家或喜爱同一类书籍，与兴趣小组的功能类似。在以往的阅读中，读者往往在地域等客观因素的影响下，不能和与自己有相同爱好的群体在同一个时间和空间中共同聚集、交流。但是在信息技术，特别是互联网的普遍使用、移动终端社交软件的流行和发展之下，人们之间的交际已经打破了时间和空间的约束。民间读书会的形式和内容受到读者多样化和精细化的兴趣的影响，变得更加丰富化和多样化。

（一）读书会认知

1. 读书会的内涵及特征

显而易见，"读"所指代的是阅读的行为方式，"书"指代的是阅读时的对象，当然，读书并不是说只读纸张方面的书籍，其中的"会"则指代的是团体的汇聚。从字面意义上进行分析可以看出，读书会便是对所阅读的事物进行相互交流学习的一个汇聚的团体。

读书古往今来均存在，它是随着人们的相互交流学习而产生的。在我国，自古便有以文会友的活动，此传统活动便是早期文人团体读书会的代表之一，比如，竹林七贤、建安七子以及竟陵八友等。对于西方国家来说，启蒙运动发展以后，西方国家的受教育程度也逐渐增加，公众受教育规模也在增大，因此，出版物的数量也随之增加，后期读书会的发展也非常迅速，并在教育中发挥重要作用。德国图书会便是其中一个。启蒙运动后期，德国读书会迅速发展起来，和当时的启蒙社、教育联合会等发挥的作用一致，属于一种批判功能性的公共教育。推动幼儿园的建立，推动童工法的制定等。

近年来，我国出现了很多类似于读书会形式的团体，这种类型的阅读团体有其核心特征，在于以下四个方面：第一，民间性。之所以这样说，是因为其是民间自发形成的，活动以及组织形式等并没有政府的干预。第二，其核心是对阅读内容进行交流与分享，更多的是阅读人员之间的一个互动。比如，北京的"阅读邻居"读书会在进行阅读的时候，会事先将对应的书目发布出来，活动的时候可以针对此类书目发表自己的看法，相互之间交流心得，促进阅读生活。第三，大多为小团体形式。读书会着重的是互动以及分享，活动方式以及场地等均有限制，因此，一般规模相对较小。若是这一团体规模过大，则在进行活动的时候分享效果相对较差。第四，可以相互受益。阅读共享以及相互交流可以促进思想发展，使成员受益。

在我国，在对读书会进行分析的时候，不仅仅可以将其理解为一种民间阅读团体，还需要有另一层次的理解，它也属于一个民间的阅读推广团体，可以促进全民阅读。目前，我国的很多读书会已经不仅局限于图书会内部成员的阅读，更多的是对阅读的推广与分享。当然，其中还有很多关于推广阅读的实际活动，列举相应的书目针对特定的群体进行推广，对应的公益性活动也非常多。江苏淮安组织的目耕缘读书会便是其中的一个典范。目耕缘读书会所秉持的原则是"让身边更多的人拿起书籍，携手读书，让同行之人更多，更具知识与责任"，后期还组织了很多的公益活动，比如，目耕缘讲读堂，以及淮安好文章、寻找淮安读书人等，这些活动的展开有效促进了全民阅读的开展，增加了公众的阅读兴趣。

简单来说，读书会是以阅读为交流的一个团体，属于民间组织。当然，除了民间组织的说法，其中还有另一方面的理解，可以简单理解为图书馆举行的一种阅读活动。我们将图书馆看作是阅读活动的举办方，这样来理解读书会也可以，但是这种理解在一定程度上限制了图书馆对于阅读推广的全面性。所以，我们在深入了解图书馆的时候不仅仅从活动举办方向去解读读书会，更多的是需要从团体方向去理解，尤其是民间的阅读团体方向，这对于读书会来说十分重要。

2. 图书馆界关注读书会的依据

第一，作为阅读交流平台的图书馆应该发展读书会。图书馆长期以来主要满足个体读者的阅读需求，为个体读者提供阅读读物、阅读空间、阅读设备，但是阅读不仅仅是个人化的事情，同时也是一项社会化的行为，很多人阅读之后都有交流的欲望。那么图书馆应该为大众的阅读交流提供场所、氛围和平台。图书馆可以通过编制阅读刊物、读者评论等方式来提供阅读交流，同时也应该大力推动读书会这一交流平台。

第二，读书会发展需要图书馆的推动和支持。读书会想要达到良好且长时间的发展，离不开图书馆的支持，美国图书会之所以发展壮大的一个重要因素，便是其政府和图书馆的支持。当然，我国的读书会的发展也非常快，目前在我国已经是公众阅读的主体。虽然说读书会不是政府组织的，但是我国政府和相关部门对于其发展起到了非常重要的引导作用，不断地加以支持，促进了读书会的壮大。当前，读书会的发展也存在相应的困难，比如，发展空间较小、相对低迷、没有专业团队的支撑等。图书馆作为政府与民间读书会交流的一个途径，其角色至关重要，可以逐渐从资源提供方向转变为整合指导方向，实现读书会的良性发展，促进内部结构的升级。当然，若想要更好地将资源进行整合，图书馆需要发挥起作用，加大对读书会的支持与引导。

（二）民间读书会对于推动全民阅读的作用

1. 丰富全民阅读推广的有效形式

从促进阅读效果来看，读书会是一种特殊的小团体互动形态的研读，人们通过参加读书会交流思想，倾听、分享阅读成果进而培养阅读兴趣，提升阅读能力。从参与对象上来看，读书会是全民都可以参与的一种非正式的阅读组织，参与者因共同兴趣结合在一起，没有门槛限制，不需要具备特定的学术背景。北京"爱绘本爱阅读"亲子读书会、中国人民大学"兰台读书会"线上线下联合推出的"凤凰网读书会"等都是民间读书会的代表。从现实到网络、从儿童到成人，民间读书会遍布北京城的各个角落。读书会是推动全民阅读的有效实践形式，对其加以普及推广将会更好地促进全民阅读风气的形成。

2. 成为衡量书香社会的重要因素

读书会的作用首先是传播书香文化、扩大阅读人口，唤起重视阅读的风气。2012年发布的全国首个"书香城市"建设指标体系《张家港市"书香城市"建设指标体系》将"阅读组织"列为指标之一并明确要从资金、场地等方面对读书会等民间阅读组织给予大力扶持。读书会作为社会阅读组织之一，其数量越多表明参与阅读的人口越多。目前，在北京地区，读书会无处不在，已成为衡量一个地方阅读风气的指标之一。北京已将读书会活动纳入常规读者活动的统计，全市平均一年举办读书会活动多达上千场。以一个读书会覆盖一百个会员的标准计算，多100家读书会就可能会多1万个有定期读书习惯的人。相关调查显示，不少读书会参与者年均阅读量在50本以上，有的甚至超过百本。由此看来，读书会已经成为书香社会的一个重要标志。

3. 有利于增加全民阅读的深度

随着阅读进入休闲时代、读图时代和读网时代，大量通俗读物、图文书和休闲读物使人们的阅读习惯趋于浅尝辄止，浅阅读现象越来越明显。开展全民阅读不仅要扩大阅读的人口，更重要的是要采取一定措施提升人们阅读的效果和深度。民间读书会作为一种小团体互动研读活动，它鼓励参与者分享阅读心得、讨论观点、交流思想，引导参与者对作品进行深入思考从而使读者对作品拥有更深刻的印象，获得更深的阅读感悟进而激发新的思考。从读书会的导向来看，由于读书会一般设有组织者或主持人，可以将读者的阅读倾向引导进入一个良性的状态，使读者的阅读感悟能对自己和他人起到积极健康的促进作用。从阅读深化的方式和导向的角度来看，读书会是提升全民阅读深度的有效手段。

4. 可以推动经典阅读的回归

如今传统的阅读逐渐被时尚的数字阅读和休闲阅读所替代，人们的阅读兴趣更多地集中在生活类、时尚类等流行的读物上，很多人对经典名著缺乏热情，特别是青少年阅读经典的机会和时间越来越少。针对这一现象，许多阅读推广专家都提出了"重返经典阅读"的愿望。我国现有读书会中有不少以阅读经典为主题，如北京图书馆国学经典亲子读书会、中国人民大学"兰台读书会"等。这类民间读书会将热爱经典的人聚集在一起，针对经典展开阅读活动，并通过他们的言传身教向更多的人传播阅读经典的理念和兴趣，对推广阅读具有立竿见影的作用。因此，民间读书会也是推动经典阅读回归的一种有效途径。

（三）图书馆读书会的运作

图书馆运作读书会和一般读书会的运作区别不大。下面结合读书会的运作阶段进行分析：

1. 筹备读书会

读书会的类型按照不同的标准有不同的分类，从图书馆的角度来讲，主要考虑两种分类方法：①按人群分类，可将读书会分为儿童读书会（亲子阅读）、青年读书会、女性读书会、学生读书会、教师读书会、老年读书会等；②主题分类，可分为文学阅读（可进一步细分，如鲁迅文学作品读书会等）、心理励志、经济管理、社科人文、艺术、童书等。

图书馆在设计读书会类型时可考虑从流通数据分析读者的阅读兴趣和爱好。图书馆创办读书会有一个天然的优势，那就是图书馆对读者阅读兴趣的了解。读书会是一群具有类似阅读兴趣的人进行交流的团体，而图书馆通过流通记录可以了解到哪些读者具有相同的阅读兴趣和爱好，这是读书会成立的基础。图书馆可以在流通记录分析的基础上，提出本馆读书会的整体构架，然后寻找合适的读书会带领人组织相应的读书会。

关于读书会名称，角度不同，名称亦有差异。有的读书会以参与对象命名，比如，上海的女树空间读书会，该读书会以女性为主，倡导女性自觉和性别平等；有的以地点命名，比如，深圳后院读书会，主要源于其最初活动在一个饭店的后院，因此得名；有的以聚会时间命名，比如，周末读书会；有的以宗旨命名，比如，上海的萤火虫读书会，该读书会认为自己是像萤火虫一样会飞的读书会——"萤火虫是渺小的，发出的光是微弱的，然而夜空中聚集在一起的萤火虫却是耀眼的光芒。"图书馆读书会的命名可以结合图书馆的特色，比如，浙江图书馆读书会命名为文澜读书会，就取自浙江省图书馆馆藏的文澜阁版四库全书。

2. 确定读书会宗旨

只有确定了读书会的宗旨，才能确定读书会的形式和风格。如女树空间读书会的宗旨：以书和茶为载体，汇集有关性别议题、女性创作的图书与影音产品，开展多元文化活动，倡导女性自觉和性别平等。再如三叶草故事家族的宗旨：让童年溢满书香，让阅读丰盈童年。三叶草故事家族通过线上及线下活动，举办故事妈妈培训、专家阅读讲座、社区故事会、主题文化沙龙、新书试读会、年度讲述大赛、故事剧团等多种阅读活动，用这个世界上最美丽的童话、最动人的故事滋养孩子，柔软孩子的心灵，彰显孩子的灵性，放飞孩子的想象，呵护孩子的童真。

3. 拟定读书会章程

读书会成立后，可以由会长带领全体会员订立章程，使会员对读书会的宗旨、特色、成立背景、组织形态、会务发展等有比较充分的了解，并能遵守规范，顺利推动会务。章程的主要内容一般有八个方面：①会名，包括全名与简称，并简要说明会名的由来与意义；②宗旨，确立读书会的宗旨；③入会方式，读书会参与者资格限制及入会方式；④权利，说明入会会员享有的权利，比如，是否享有借书优待等；⑤义务，对读书会会员应遵守的章程、规范及任何经会议通过的决议，加以说明；⑥组织，对读书会的组织形态、干部产生方式、任期、各项工作分配及会务运作方式，加以说明；⑦聚会方式，对聚集的时间、活动方式、基本流程等加以说明；⑧规范，读书会的各项规范应由全体会员共同讨论后确定，并约定共同遵守。

4. 确定读书会组织结构

不管哪种规模的读书会，都应该有相应的组织结构来进行管理。读书会的组织形态视规模大小而定。小型读书会的组织结构可以相对简单，设会长和副会长，会长主要负责整体设计、带领读书会、对外联系等；副会长主要负责会员联络、准备相关材料等。规模比较大的读书的结构相对复杂，人员较多就要进行分组，否则不能保证讨论效果，因此，除了会长、副会长之外，还需设置各小组组长。

（四）图书馆开展的读书会活动类型

读书会可以一两周举办一次，也可以一个月举办一次，每次活动大多两个小时，活动的形式多种多样，主要包括各种阅读交流活动及拓展活动。读书会的类型、宗旨不同，其活动也有区别。比如，以成员互益为主的小型读书会的活动以精读讨论为主，而公益型的读书会则会开展大型讲座等活动。读书会活动大体可以分为以下几类：

精读分享：阅读分享是读书会的核心内容，可由读书会成员共同选定书单，会下完成阅读，会上进行交流讨论，一般会有一个引领人引领讨论。引领人可以固定，也可由成员轮流担任。比如上海女树空间读书会追求深度阅读与交流，每期参与人数为10人左右，一本书会讨论两次。再比如同道读书会秉承"以文本为基础、以问题为导向"的阅读理念，经过近两年的读书会活动实践，形成一套由结构化阅读、诠释性阅读、辩理性阅读和反观性阅读四个阶段组成的深度阅读方法论体系，并以此组织了"认识自己""认识社会""品读文学"等系列人文经典精读会。

好书分享和推荐：和前一种精读分享的区别在于，不一定是全体会员共同读一本书，可以组织好书分享活动，不设主讲人，参与者轮流介绍自己的书籍，但是这样可能会影响讨论效果，因此，很多读书会采用的是好书推荐的方式，每个会员可以在读书会的交流平台上分享自己的阅读心得和体会。比如，目耕缘读书会设有专门的荐书台和书评活动。

其他拓展活动：除了阅读活动，读书会还可以结合读书会的主题、成员构成等情况，设计其他的拓展活动。例如，黄河青年读书会在理论推演之后，开展一些社会调查和实践工作，为政府献言建策。除此之外，诸如户外郊游、参观访问等均属于拓展活动内容。

编制刊物、信息发布和分享：读书会的各项活动需要进行呈现，呈现的方式有很多，被广泛采纳的方式是编制读书会的阅读刊物。例如，真趣书社的《方塘鉴》，万木草堂读书会的会员刊物《读好书》。这些刊物可以是纸质的，也可是电子版，比如，熬吧读书会的电子杂志《艺文志》。刊物一般包括会员的读书心得体会，读书会活动的介绍和总结、书目推荐等。随着网络和多媒体的发展，读书会的展示平台也日益多元化，很多读书会在豆瓣、微博、微信上进行信息发布和分享。

（五）图书馆培育读书会的策略

1. 资源支持

图书馆在读书会发展中可以提供资源支持，包括资料和场地两个方面。

（1）资料支持：①面向读书会的馆藏资源建设。读书会在进行阅读讨论时一个首要的问题是读物。面向读书会的馆藏资源和面向个人的馆藏资源在提供上应有所不同，读书会需要的副本量比较多。图书馆可以考虑为读书会提供阅读资料，一般由读书会进行申请，图书馆主要考虑该读书会需要的资源是否符合图书馆的馆藏发展规划。②提供讨论及相关资料。图书馆主要提供读书会所需图书的资源，在读书会发展比较好的图书馆，会以比较成熟的"读书会资源包"的形式向读书会提供。在建立了相应的馆藏之后，图书馆还需制定相关的借阅政策等进行管理。

（2）场地支持：图书馆本身承担着社区交流职能，应该为读书会定期开展的主题讨论活动提供充足场地。当前，我国民间读书会多有场地缺乏之困，在解决这个问题上，倾向于与咖啡馆或书店合作。图书馆更应该主动地为读书会提供服务，特别是场地上的支持。也有一些图书馆和民间读书会建立了比较好的合作关系，比如，苏州独墅湖图书馆实行引进策略，以图书馆咖啡厅为大本营，积极引进各类读书会在此举办活动；天津泰达图书馆将滨海读心书友会引入图书馆，该读书会的很多活动在图书馆举行。

2. 提供读书会运营方面的辅导和培训

（1）提供读书会手册、指南等指导资料：很多读者可能有成立、运营读书会的想法，但是并不了解如何运作一个读书会，图书馆应该为这些读者提供相关的指导资料。

（2）培训读书会带领人：读书会活动开展的效果在很大程度取决于带领人的能力。条件成熟的图书馆应该对读书会带领人进行培训，包括带领讨论的能力和技巧、交流合作能力、数字推广能力等。

3. 读书会的管理

（1）收集整合读书会信息：①收集信息。图书馆应该将读书会的信息进行整合。图书馆本身承担着社区信息中心的职责，应该全面了解本社区内读书会的具体情况，并且向读者推荐相应的读书会。这就需要图书馆对读书会的信息进行整合并做好相关的咨询服务工作。图书馆需要掌握本地区每个读书会的信息，包括读书会的规模、面向的群体、活动的周期、重点阅读的读物等，将这些信息进行整合并提供给读者，会方便那些有兴趣参加读书会的人群选择适合自己的读书会。②传递信息。收集完相关信息之后，需要将这些信息进行整合并提供给读者，让读者了解身边有哪些读书会，读书会主题是什么、活动周期是多长，从而选择自己感兴趣的读书会。③展示读书会活动。除了整合读书会基本信息，图书馆还可以对读书会的阅读交流情况进行展示。读书会的阅读讨论成果，经图书馆整合后，会以展览、网站推荐等多种形式展示出来。

（2）促进读书会之间的交流：读书会之间需要进行交流，那么图书馆需要为读书会之间的交流提供机会，从而使各个读书会之间相互学习，取长补短，形成合力，更好地促进读书会的发展。图书馆可以采用座谈会、小型研讨会的形式将读书会主要负责人召集到一起，共同协商图书馆的发展。在某些地方，这方面的工作由政府文化管理部门牵头来做，也有图书馆已经认识到图书馆应该成为培育读书会发展的载体，开始探索发展读书会，促进读书会之间的交流。在这方面，深圳图书馆已经开始尝试。

（3）评优激励：图书馆应该制定奖励制度，对本地区（社区）内的读书会进行评选并奖励，激励读书会更好地发展。图书馆可以定期举办读书会评比，对活动丰富多彩、阅读效果显著的读书会，图书馆可以公开表扬，也可以在资源提供、资金支持等方面给予实际奖励。

第三节　民营实体书店转型发展

一、民营实体书店对全民阅读推广的价值

一定程度而言，文化媒介组织和文化的物化形态是体现文化进步发展的重要

载体，可以说，文化的特定传播媒介和机构对文化的发展起到一定的支配作用。民营实体书店作为文化、进步和发展的重要媒介和载体，其生存和发展都将会影响文化的变革和发展。

与网上书店相比，民营实体书店存在一定的缺陷，生存较为艰难，但是在公共阅读环境的塑造、媒介文化生态的维护和纸本阅读文化方式的重塑等方面具有先天的优势，这也是民营实体书店生存和发展的真正价值和意义。

（一）有利于健全文化传播机构，维护阅读媒介生态

文化媒介的发展对文化生态的形成起决定作用。媒介社会形态和文化是相互依存和共生的关系，传播和传承媒介文化的过程中，文化机构发挥重要的作用。自人类文明产生的伊始到如今的繁荣，阅读都是其中一种重要的媒介，随着人类文明的发展而不断进步。除此之外，媒介还包括电信、文字、计算机、印刷物、语言和广播电视以及各种交通工具，等等。正是因为媒介的出现，人们才能开展文化传播活动和其他社会活动。根据专家学者对文本媒介文化史的深入研究，他们认为人类文明的发展经历了口传文化、抄本文化和印刷文化以及电子文化四个时期，并呈现出四种不同的发展形态。在原始社会时期，人们主要的传播媒介是口语，这种方式特别容易受到时间和空间的限制，因此，信息的传播只能在人们生活的部族空间中进行；随着印刷媒介和文字媒介的产生，传播不再受到时间和空间的限制，其范围更加广泛；在现代社会中，电子媒介的出现改变了传播的方式和形式，丰富的传播内容和高效的传播速度让全世界联合在一起。

口传文化的重点在于建构群体的主体性，电子文化媒介对于理性自我的瓦解具有较大的威胁。而以实体书店和纸本书籍为载体印刷文化，则通过默读给予读者理性思考，帮助他们构建"理性的、自主的自我"。只有对文化生态组织结构不断健全和完善，才能将现代社会流行的电子文化媒介，尤其是网络阅读给读者带来的威胁努力克服。阅读作为传播印刷文化的重要媒介工具，其真正的价值和作用是通过阅读电子文本、超文本和纸质文本等，让读者加深对社会的认识和理解，从而推动社会个体的自我发展。但是，信息技术的发展促进了视频、图像和声音等新的认知媒介诞生，对传统印刷媒介阅读的重要性和主流作用产生了巨大

的威胁，越来越多的人通过这些新的认知媒介认识世界和获取信息。总而言之，人类认识世界的方式正在发生巨大的改变，传统的阅读方式正逐渐被新型的阅读方式取代甚至边缘化。

媒介对社会个体的行为和认识以及价值观念会产生一定影响，影响因素不仅仅是媒介的内容，也包括媒介形式本身。每一种新型媒介从诞生到应用再到推广使用的过程，以及推动它形成的环境因素都会对人的性格或人格产生影响。在如今的信息化时代，人们的阅读方式和阅读观念发生着变革，国民阅读中出现了许多缺陷，比如说不合理的阅读结构导致低营养的书籍比真正有营养的书籍在市场上占据的比重更多，国民阅读出现了偏食的结构特点，而且人们的阅读趣味更加单调，人们的阅读方式和阅读行为表现出更加功利化的色彩。总之，快餐式阅读和同质化阅读普遍流行，人们在阅读文字文本上的行为越来越少，与阅读之间的距离被不断拉长，人们正逐渐与阅读分离开来。

民营实体书店即便在如此背景下，也在创新发展，逐渐演变成为以民营实体书店为载体的城市公共文化服务体系的基本形态，比如，北京市的砖读空间和宣阳驿站以及单向空间。这些书店的属性属于准公共物品，公平和自由获取知识和信息是这些书店的根本目标和宗旨。国家公共文化服务的系统和结构受到这些民营书店变革和转型的影响，发展出了多物种共存的文化生态，在潜移默化之间，让公共文化服务生态圈产生了巨大的变化。民营实体书店的转型，让它更具有公益性和社会性，文化内涵方面也得到升华，它以自己的绵薄之力对人们的言行举止进行重构。为了改变目前文化生态恶化和市场失灵现象，全社会必须加大对社会文化的关注度，从文化生态补偿政策和措施入手采取一系列的举措。同时，以文化生态平衡为切入点，在文化设施用地方面制订和出台专项规划，对各项文化设施机构用地的具体定位和规模进一步确认，对文化传播设施增强重视程度和建设力量，在地理位置上为实体书店创造一定的优势，防止商业地产的迅速发展威胁到实体书店的用地。在实体书店的税收政策方面给予一定扶持，让书店的利润有所提升，让更多的书店能够在社会中生存和发展下去。在城市中打造更多的文化标志和文化风景，营造良好的文化生态氛围，使城市成为文化聚集地，而非文化荒漠。

（二）有利于改善网络阅读弊端，重建纸本阅读文化

人们对知识进行获取和学习的最主要、最重要的方式是阅读。在互联网时代，网络和书本是阅读的两种基本方式。这两种方式的区别在于：网络阅读的控制主体是读者，书本阅读则主要依靠作者的引导；网络阅读的信息大多数是零零散散的片段，获得的知识和信息也是碎片化的，书本阅读是对完整的句子和情节进行的阅读，获得的信息和知识具有更强的完整性；网络阅读需要读者主动在其中寻找自己想要的答案，书本阅读以叙述性的形式为主；网络阅读的跳跃性更强，书本阅读具有线性的特点。通常来说，读者进行网络阅读是为了寻找自己想要的信息或答案，而不是从中广泛地获取知识，具有及时性的特点。但是，互联网时代的信息具有海量的特征，要想从中获取准确的知识和相关信息，读者必须在自己的智力和理解范围内建构意识框架，从而通过自己的理解从网络中获取"营养"。著名学者尼尔森认为，网络阅读不可能产生这种意识框架和理解能力，只有纸本阅读的方式能够产生。随着新媒体的发展和介入，大众阅读的方式也随着技术的日新月异产生了新的变化，由纸本阅读方式向网络阅读方式转变是社会发展的必然趋势，因此，人们也越来越难通过阅读获取意识框架，尤其是依赖数字化媒介进行网络阅读的年青一代。

在文化传播的过程中，书店会在两个群体之间搭建起桥梁，这两个群体分别是读者与学者、作者、知识分子。通过阅读作者的作品，让读者和作者之间产生关联，充分发挥出书店在传播知识和文化中的重要影响作用。独立书店最为明显的价值在于，其对知识和文化的传播过程和功能进行的选择，独立书店带有一定目的性对作品进行挑选，再放到书店里进行销售和宣传，最终会对读者产生形塑作用。

与以往的传统出版时代相比，如今的信息化时代和媒介化时代改变了图书生产和传播的速度与规模，国人在阅读的选择上有了更加广阔的范围，但是信息的海量化并不代表着读者阅读选择的多元化。要想打造出多样化的读书环境和多元化的阅读选择，就需要以民营实体书店的存在和发展作为硬件支撑、发挥价值。也就是说，民营实体书店真正的价值是对以互联网技术手段作用于阅读领域产生

的数字大脑和格式化趋势进行遏制，形成良好的阅读状态。

众所周知，民营实体书店是承载纸本书籍的重要载体，"以阅读活动为主导、坚守阅读本质、以书店为主体"是民营实体书店始终坚持的原则。民营实体书店要将自身打造为交流思想的平台，而不仅仅是销售书籍，要有效改变网络媒体侵占和剥夺公众休闲时间的现象，为民营实体书店赋予更多的文化价值。通过开展文化活动让人们对美的认知产生新的理解和体验，让沉浸式阅读行为和习惯在读者中逐渐形成，让网络文化和信息技术给阅读带来的不利影响逐渐消除，破解目前的阅读困境，重建纸本阅读文化，这些都是民营实体书店真正的使命和职责所在。

（三）有利于营造大众文化氛围，改善社会阅读环境

民营实体书店的基本业务是销售图书，同时它也发挥媒介的作用将人与图书联系起来，为人们选择书籍提供良好的环境，即购书意境。网络书店的出现改变了以往的图书购买形式和销售方式，为读者打造出图书购买情境。上述两种情境的销售主体和受众群体存在很多共同之处。

以往我们都认为，书店从柜台式的经营方式转变成开放式经营，这种购书空间认知的变化，让实体书店从购书环境转变为"阅读与购书环境"。但是网络的普及推动了网络书店和电子书籍的产生和发展，网络书店在便捷性和价格方面的优势，割裂了读者对实体书店"购书空间"的认知。民营实体书店所具有的符号传播象征在消费者心中逐渐削弱，"在实体书店看书、网上买书"的现象层出不穷。

部分民营实体书店在研究和探索经营转型方式时，选择让书店的功能更加多样化，使书店成为一个包括推广阅读、社群交往、休闲娱乐和传播知识等多种功能的实体。有些书店成为24小时书店，以时间和空间为切入点吸引潜在读者；有些书店在经营中加入文化创意产品和咖啡茶饮等功能；有些书店将沙发桌椅放在店内，为读者提供上网服务和休闲阅读区域。书店的业务不断扩展，集免费借阅、销售新书、策划选题、组织知识培训、主题活动、专题展览和读书沙龙等各类活动于一体。书店的本质也因此发生了改变，成为一个公众文化环境，受众群

第四章 阅读推广设施与队伍建设

体主要是所在社区的居民群众。可见，民营实体书店同时兼备小型公共图书馆的功能和属性，在公共图书馆阅读推广中也承担一定的职责，但是在业务混合和跨界组合方面具有显著的特征。

就我国公共阅读场馆目前的建设和发展来说，还存在许多不足，国家供给不足和较少的数量导致公共阅读空间不是多数社区都能享有的。从这方面来说，民营实体书店发挥出了公共阅读空间的功能，逐渐成为人们交际和阅读的重要场所。而且这些民营实体书店一般位于城市中的公园、街角和社区，处于居民生活圈范围内，地理位置上的优势使得人们经常光顾，从而将书刊的流通率和借阅率大大提升，传播知识的速度更加迅速，知识传播的范围更加广阔。而且，人们通过参加民营实体书店组织开展的展览、讲座和读书会以及培训等活动，能和他人就阅读经验和体会加强交流，有利于文化素质的提升。可见，书店也具有社会教育的功能。从这些书店组织开展的小众阅读行为来看，具有以书会友的意义。大部分民间读书活动的会员群和参与人员比较固定，他们充分发挥手机微信的作用组织开展主题阅读活动，对自己的阅读体会进行分享和交流。利用线下实体书店开展相关阅读活动和线上利用微信开展阅读活动相结合，有利于将"活跃的读书主题社区"搭建起来。

文化产业和文化事业之间最大的区别在于是否具有营利性，前者具有营利性，而后者不具有。但是这两者之间存在天然的联系和互补的关系。可以说，城市民营实体书店的新型经营模式就是将文化产业和文化事业相结合。这种新型经营模式仍然以书为重点和核心，但是把文化、休闲、审美、饮食、思想、趣味等多种元素融合到一起，为书店的发展带来了新的生机，这些多样化的业务让现代化的民营实体书店逐渐演变为一个"百货商店"，书店的业务范围呈现出跨界组合的特点。随着人流量的增加，书店内文具、咖啡和饮料的销售量不断提升，书店营业收入也不断提高，这不仅有利于维持书店的基本运营和生存，还增加了许多就业岗位。但是公共物品的性质是民营实体书店所打造的阅读环境的基本属性，这也表示书店的公益性才是他们生存和发展的根基，而经营性活动则是次要业务。因此，民营实体书店要结合自身的实体性优势，始终将"公益性为主体、经营性为辅"作为经营书店的方针和原则，不能将经济利益放在首位，要为全社会的阅读营造良好的氛围。

二、民营实体书店发展的常见类型

书店不仅是个单纯卖书的地方，它还具有阅读导向、信息收集、塑造城市形象、形成文化氛围等功能，是一个文化符号，不能仅以经济效益来衡量书店的价值，它对于推动全民阅读具有重要作用。

近几年，实体书店进入更新换代快速复苏期，一些品牌书店、特色书店、专业书店、社区书店、文化Mall、书吧等新型民营实体书店层出不穷，在销售图书的同时，逐渐承担起更多的城市"文化传播空间"功能，满足了读者多样性的文化需求。归纳起来，目前，经营比较好的民营实体书店主要有四种形态，每一种形态都代表了不同的经营模式和文化传播特点。

（一）文创百货型

该类型民营实体书店颠覆了传统书店的概念，将书店定义为多元、动态的文化事业，以文化品牌效应吸引商铺入驻，开展"商场+书店"的复合式经营，从事文化展演、创意商品销售、服饰及餐饮等高盈利率的产业。其典型代表是言几又，以荟聚的这家新开的言几又书店为例，占地3600平方米，有两个咖啡厅，共两层，为了迎合年轻人的审美，以工厂元素作为装潢的主要风格。店内有10万册书籍，一层主要由书吧、咖啡厅和活动区域组成。二层映入眼帘的是书籍以外的其他7个品牌，如家居、儿童美术中心、私人订制服饰、艺术画廊、花艺、盆栽、DIY手工艺、儿童教育中心等。

书店是在人文理想和商业经营之间寻找到了一种难得的平衡，在此基础上，开辟了一种可持续发展的运营模式。书店在扩大的同时仍然保留自己的存在，传播的价值相对地以书为核心，是让知识经济积极介入各种生活方式的一种新形态。其创新在于，它将书店提升为新文化的休闲场所，不断更新书店的经营概念，倡导书店不只卖书，而且将书店建成名副其实的文化大卖场。

（二）生活美学型

该类型民营实体书店不仅是书籍商品的提供者，更是建构与传播新的生活标准、新的生活理念以及新的生活方式的重要机构和场所。北京的字里行间、西西弗书店是其代表。注重把书店和阅读注入日常生活之中，以书承载知识传播的力量，主动承担起文化、美育和改造现阶段中国社会的责任。在空间设计上都可以看到舞台效果的空间戏剧性张力，充分发挥了创办人的设计理念，吸引了非常多的年轻有才华、对书充满热情的团队，选书、选生活品独到而有吸引力。在各店文化活动上，从作家的演讲到各类艺术、摄影、展览，更是带动和提升了整个品牌的影响力。

（三）独立书店型

独立书店在国外有上百年的发展历史，如作家海明威多次去过的法国莎士比亚书店，有"天堂书店"之称的荷兰多米尼加书店，以美食书籍闻名的比利时酷客书店等。

除了没有那么大的经营场所以外，独立书店最重要的先决条件是"人文关照"，否则就会沦为书籍批发超市或者小书店。北京万圣书园、蒲蒲兰绘本馆、单向街书店是国内较为成熟的代表。它与连锁书店、大型单体书店等有很大的差异，也不同于网上书店，其专业程度更高，侧重的知识和学科更集中，属于零售图书业态的一种存放形式。独立书店存在一定的特性，其在进行销售过程中不仅仅侧重于图书，还侧重于与图书相联系的产品以及文化延伸产品等，意在进行销售图书的同时打造精神文化生活，对阅读的作用是不可忽视的。

（四）社区书吧型

此类民营实体书店是以特定的居民生活社区作为主要市场和服务对象，将书吧的售书活动与社区文化建设紧密结合在一起的书店。位于北京东南五环外万科青青家园的读易洞书店是其代表。这家定位于"社区书吧"的书店，其周边社区相对较少，因此，将读者定位为白领人员。"读易洞"的出现极大地丰富了社区文化活动，为社区开展针对房屋维修、环境污染等讨论会议，提供了很好的谈论场所。

"读易洞"除了作为谈论场所出现在社区生活中，还会开展巡回书展、作品展等，逐步形成属于社区的文化特色。为鼓励读者多读书并让读者之间产生互动，"读易洞"还会组织小型的跳蚤市场，向读者推荐适合的书目，增加其知识储备，在不同程度上为公共文化的增进发挥积极的作用。

大致来说，以新华书店为基准，在对民营实体书店文化意义进行讨论研究时，可以从以下四个方面着手：第一，从销售商品上进行讨论研究。民营书店也属于书店，有书店特有的特点与文化意义，为普及相关知识打下坚实的基础，进一步推动我国精神文明建设。通常情况下民营实体店与新华书店在书目的选择上有很大不同，民营实体书店更侧重于思想哲学、人文社科等方面，新华书店更多地侧重于教辅类书籍，两者各自特色。第二，从环境氛围上进行讨论研究。民营实体书店对环境的打造与氛围的营造也与新华书店不同。通常情况下新华书店更注重实用性，而民营实体书店更注重氛围性，其书籍摆放、室内装饰、色彩搭配等方面均注重文化氛围，从细节上处理得非常到位，不同的民营实体书店其主打的氛围环境也有一定的差异，但其共性均是通过文化氛围来影响读者阅读感受；第三，从经营理念上进行讨论研究。民营实体书店和新华书店的经营理念也有很大的差异，民营实体书店更注重图书的推广与销售，而且，民营实体书店的经营过程中更注重与读者的互动与交流，民营实体书店会不定时地开展一些类似于文化交流、书籍交流等活动，活动中会邀请一部分文化研究人员，通过议题讨论、活动组织等来达到和阅读者互动的目的，在引导公众阅读的同时宣传阅读文化。对文化的不断探索和宣传也是实体书店的使命与价值所在。第四，从文化资源上进行讨论研究。民营实体书店所拥有的文化资源也是不可替代的，其所拥有的文化研究人员，相互合作的编辑、出版社、文化品牌等，均是其资源的一部分，对于公众阅读观念的影响与形成作用深远。而在这些方面，新华书店由于其体制性的因素，是无法做到的。

三、民营实体书店转型发展策略

民营实体书店想要进行转型并转型成功，为我国文化发展打下坚实的基础，不仅需要突破其原有的经营方式、空间性等，还需要根据自身特色以及读者需求打造属于自己的文化主体与发展策略。

第四章 阅读推广设施与队伍建设

（一）逐步突出其文化性，增强其传播功能，发挥其文化传播作用

民营实体书店进行转型过程中可以借鉴其他行业的经验，对其经营模式进行综合性的开发，这是很多国际实体书店逐渐探索的一条道路，也是我国民营实体书店可以转型的一个方向。我国很多大城市均有其主流书店，比如西西弗书店、方所书店、诚品书店等，这些书店在运营过程中有一个共同的特点：地理位置选择多为商场。通常情况下书店的经营会有一部分政府补贴，同时大商场会有对应的房租优惠政策，这样可以大大降低书店的运营费用。而且书店的运营品不单单是书籍类，还会有一部分文创产品，以增加书店的经营利润。这些书店在装修过程中更注重氛围感与舒适度，具有一定的商业性质。有一部分传统书店在经营过程中会更注重文化氛围，商业性就相对较低，导致书店经营状况不佳。如何对文化性与商业性进行平衡，也逐渐成为民营实体书店转型的关键影响因素。

虽然民营实体书店逐步向商业性转变是一个趋势，但是在转型过程中，民营书店并不能完全抛开书店的文化意义，否则仍然会影响其发展的长远性。民营实体书店的职能不仅仅是销售书籍，更重要的是要体现文化内涵，通过民营实体书店文化空间来逐步影响公众的阅读意识，增强其文化内涵。民营实体书店在进行商品化转型过程中必须注意保持其文化性，承担起文化宣传工作的责任。民营实体书店的转型不仅仅是商业模式、经营方针的变化，更多的是其作为文化空间的变换。通过商业模式的转变，实体书店可以充分地将当代科技与网络传播相融合，进一步推动实体书店向现代化社会文明转型。在转型过程中除了需要注重其功能改变以及传播手段拓展外，还需要对图书选择、数据分析、支付方式、检阅方法等方面进行改进，逐步完成市场角色的转变。

此外，政府要提供政策支持，逐步实现实体书店的政策转型，增强其文化传播作用，增强公众阅读兴趣。早在2016年时，国家便下发了《关于支持实体书店发展的指导意见》文件，主要针对实体书店的转型进行了研究分析，并出台了对应的制度和政策。让民营实体书店在经营模式、建设标准、供求、服务、规划等方面有了新的发展方向。该指导意见中还对财税金融、创业培训、市场秩序、行政审批以及土地规划等方面进行了明确，为民营实体书店的快速转型打下了坚

实的基础。

目前，新型的民营实体书店经营业务已经不再单一，从原有的销售书籍逐步转变为精神文化建设。新型民营实体书店在影响公众阅读体验的同时，也增强了公众精神文化生活的多样性。随着民营实体书店的逐步转型，其对我们生活的影响也越来越大。

（二）突出空间性：打造阅读场所和精神家园

传统的民营实体书店职能较为单一，通常情况下只涉及书籍的销售，对于阅读群体的内心需求以及分析较少，而且传统实体书店中并没有让读者阅读的地方，与读者的接触便大大降低，交流也更少，因此，在进行文化传播过程中很少涉及知识体系传播。传统书店的读者在进行书籍选择过程中也更为被动，购书范围也仅限于书店内部书籍，无法从书店中获取其他途径资料，也不能得到除购买图书以外的服务，相对来说局限性更大。随着民营实体书店的逐步改革，民营实体书店通过环境的改善为客户提供了更加舒适的阅读空间，同时通过阅读文化活动的开展，增加了读者与书店的交流，让传统民营实体书店更了解客户，为后期提供交互式体验打下坚实的基础。可以说，民营实体书店在促进文化传播的同时为读者打造一个精神交流空间。突出空间性，为读者打造更加舒适的阅读场所与精神世界，可以让读者到书店阅读的频率更高，逐步对书店产生依赖感，形成民营实体书店的独特优势，促进经营发展。

总而言之，民营实体书店可以吸引更多读者的原因在于其美观的设计以及舒适的阅读体验。这让更多的市民加入到书店这一文化空间，感悟知识的力量，使民营实体书店潜移默化地影响公众的精神世界。

（三）突出公共性：参与公共对话和社会治理

随着互联网发展，全球化已成为趋势，公共传播逐渐成为我们研究的重点。公共传播指的是在公共性下多元主体之间展开的沟通的过程、活动和现象等。公共传播的作用是获取社会认同、构建意见交流的平台，让整体网络信息传播更有意义，其传播的内容承载着对应的文化与精神，影响着阅读者的思想。

过去社区中大多以街道景观为主，随着商品房的出现，街道景观逐渐减少，全能政府的部分职能开始减弱，涉及众多人利益的中间地带开始出现，这也是目前我们亟须解决的一个问题。随着工业化、信息化的不断发展，社会在进步，公共性的出现让更多公众可以进行自由言论，让人们在拓展认知层面的同时还可以凝聚共识。

比如，前文中所讲述的"读易洞"，其最大的特点便是社区活动的参与和组织，为业主提供了谈论的场所，社区中很多活动也会自主选择"读易洞"。可以看出"读易洞"在社区中已经不再是一个单纯的阅读场所，更多的是公共对话的空间，为社区文化的传播提供助力。"读易洞"不仅将城市生活鲜活地展现了出来，同时将城市生活的态度、关系、需求等进行了诠释，让我们对城市背后个体的认识、思想、文化等有了初步的认识。"读易洞"属于社区个体交流的中间人，其角色扮演独特且具有公共性。随着它的不断发展与转型，"读易洞"已经开始具有"公共"的含义，通过其公共性来完成自身发展的多样性，能够更好地在信息快速发展的今天完成改革并快速立足。这种变革思维以及其对应的文化展现等均对我们有借鉴意义。

第四节　阅读推广人队伍建设

"阅读推广人"在整个全民阅读建设中扮演着非常重要的角色，是"全民阅读"建设的重要人力保障。阅读推广人队伍的建设与管理，已经成为当前我国持续深入开展全民阅读关键环节之一。

一、阅读推广人概述

目前，我国的阅读推广主要有三种推动力：第一种是国家推动，如在每年一度的全民阅读日开展的各类阅读推广活动；第二种是社会推动，包括21世纪社以及梅子涵、阿甲等社会各界人士所做的阅读推广活动等；第三种则是家庭的推动。三种推动力量中，国家推动的力度最大、范围最广、效果最明显，第一种和第二种推动力量已经蓬勃开展，第三种推动还要借助于前两种推动的不断深入。

伴随着"全民阅读"建设的深入开展，阅读推广人这一角色应运而生并逐渐得到重视。

（一）阅读推广人的重要作用

简单来说，积极地进行阅读推广也是阅读推广人的主要工作职责。阅读推广人从不同的推广形式上来划分，可以分为三种：一是阅读理念与价值的倡导者，二是阅读活动的策划与组织者，三是故事讲述人；从不同的专业水平来划分，分为以下两种：一是专业阅读推广人，二是业余阅读推广人；从不同的服务对象年龄来划分，可分为四种：亲子阅读推广人、儿童阅读推广人、青少年阅读推广人以及其他。

阅读推广人主要负责阅读推广活动的组织和实施等，因此，会对阅读推广产生以下几点重要的作用：

第一，引导阅读。阅读推广人进行阅读推广工作能够有效地将阅读理念和阅读价值进行广泛的传播和传递，促进人们阅读意愿的形成，让更多的人积极主动地参与到阅读中来，也让人们对阅读有更深的认识。

第二，帮助作用。具备一定的阅读能力和沟通能力是阅读推广人必不可少的能力，这样才能更好地引导不爱阅读甚至不会阅读的人参与到阅读中来，才能有效帮助有阅读困难的人。

第三，凝聚作用。阅读推广人可以利用"一对多"的方式将分散的阅读者组织和团结起来，为阅读推广工作的开展提供了非常强劲的动力，有利于将全民阅读工作推广开来，同时也加强了全体阅读者之间的联系和沟通，为阅读素养的提升创造了非常有利的条件，正确地引导社会正能量的发展。

第四，品牌作用。在阅读推广品牌的打造中，阅读推广人产生了不可替代的作用，而且阅读推广人本身的名气也将带动阅读品牌的打造，成为一个城市或者一个地区的代表，这也有利于社会文化氛围的塑造和建设。

（二）构成阅读推广人的条件

应该具备以下几个特征才能全面肩负阅读推广人的责任：

首先，阅读推广人本人应该加强阅读意愿，自身要对阅读有着强烈的兴趣。

其次，具有较强的阅读推广意愿，喜欢阅读，也愿意帮助其他阅读者扫除阅读障碍。

最后，具备一定的阅读资质，阅读推广活动对于阅读推广人的口头表述能力和沟通协调能力是有一定要求的，同时也要求阅读推广人具有良好的团队精神，可以引导阅读者掌握正确的阅读方法，选择合适的阅读内容等。

二、阅读推广人队伍的构建

（一）健全阅读推广人制度

阅读推广人队伍最开始是一种自发的、无管理的组织，为此，全民阅读管理部门应该对阅读推广人队伍的建设给予正确的引导和合理的梳理。当前的首要问题就是如何进行阅读推广人制度的建设。最初的阅读推广人积极有效地推动了全民阅读的发展，不过随着全面阅读地位的上升，社会对于阅读推广人的素质、数量和类型也有了更高的要求。设置一个相对完善的制度，来对其进行约束、激励、评估以及管理等十分必要，这样才能不断扩大阅读推广人队伍，促进全民阅读的快速发展。

1. 健全阅读推广人资质管理制度

阅读活动组织者将特定的阅读内容通过一定的形式传递给公众，并达到教育公众的过程便是阅读推广。尤其是儿童阅读推广，其性质类似于学校教育。只有具备一定资质的人，才能较好地选择合适的阅读内容和采用更为有效的阅读组织方法来促进阅读推广的效果。不过和教师教学不同的是，阅读推广具有较大的公益性，一般都是自愿参与的，所以，并不太适合采用统一的资质标准来予以限制。所以，为了更好地促进全民阅读的开展，首先需要解决的问题就是建立一套不但能够吸引更多公众参与、也能确保阅读内容健康适宜的推广人资质制度。

2. 构建公益性阅读推广人培训和认证制度

对阅读推广人进行培训需要投入大量的财力、物力和人力，为了促进培训的顺利进行，往往会采用收费培训的方式。全民阅读活动的推动是为了吸引更多缺乏阅读能力和阅读意愿的人进行阅读，不过这些人往往经济实力也比较有限。所以，采用收费培训的方式也有很大的限制性。这就需要政府投入资金来实现公益性阅读推广人培训和认证制度的建立，这样才能快速地发展阅读推广人，并保持其公益性特征。比如，上海图书馆就加强了对阅读推广人制度的建立，其培训与论证的成本主要是由市内各级图书馆自行筹备，发证和管理由市图书馆负责，这种制度对于推动全民阅读来说是很有意义的。

3. 健全多层次、多模式阅读推广人管理制度

加强城乡居民的阅读意愿也是阅读推广人的一项重要工作。当前，有些阅读推广人是将阅读推广作为一个长期的工作来进行的，而有些推广人只能偶尔参与，受上述情况影响，建立一个多层次、灵活化的阅读推广人管理制度势在必行。像北京市就根据阅读推广人的表现和付出，成立了一个晋升的制度，阅读推广人可以自主申请升级成"金牌阅读推广人"。

儿童阅读领域是国内最初的阅读推广内容，其推广活动多涉及儿童图画书、故事会等，现在最为普遍的阅读推广人也是儿童阅读推广人。和儿童阅读推广相比，居家老人、特殊人群、残障人士、医院病人以及自闭症儿童的阅读推广工作的难度就要高出许多，其还处于萌芽阶段。这对阅读推广人的资质和能力有着更高的要求，不仅需要阅读推广人能够具有较广泛的阅读推广知识，更需要他们具备一定的专业能力。当然，每个阅读推广人的特征和优势也各不相同，有些适合进行策划和组织，有些适合进行故事讲解，有些能够很好地胜任儿童阅读推广工作，而有些更适合进行数字阅读推广等。上海图书馆学会就根据这一具体的情况，将阅读推广人分为了"儿童阅读推广人""数字阅读推广人"等类别。这一分类方式的意义非常重大。

全民阅读是利国利民的一项重要国策，而在全面推动和组织全民阅读的过程中，阅读推广人有着不可取代的作用和意义。为了更好地激励和引导全民阅读，各级政府也积极地进行了与当地相适应的阅读推广人制度的建立。

(二) 提升阅读推广人素养

为了更好地推动全民阅读的开展，加大阅读推广的力度和强度，则需要更多

具备以下特征的阅读推广人的参与：

第一，要有开放的心态和一定的社会影响力。从本质上来说，阅读推广活动就是一种传播。所以，开放的心态是阅读推广人所必备的。阅读推广人要积极地进行跨界，保持开放和前卫的思想。只有结合当地文化需要和阅读推广，实现"校内上课，校外推广"的制度，阅读推广人的价值才有真正的落脚点。

第二，要有扎实的专业基础和授课才能。扎实的专业基础也是开展阅读推广必不可少的。这种专业并非指阅读推广人在图书情报专业理论知识方面的专业程度，而是扎实的文化领域专业背景。任何专业背景的阅读推广人，都需要加强自身专业素质的提升。这样才能充分发挥出自身的优势和特长，为阅读推广贡献自己的力量。当然，阅读推广人不但要具备专业基础，更应该加强自身授课才能。开展任何形式的阅读推广活动，都离不开一批有扎实授课能力的阅读推广人的参与。只有阅读推广人积极地进行授课，才能让更多的人主动参与到阅读中来。因此，阅读推广人具备一定的授课能力也是非常重要的。

第三，要站在文化的高度做好阅读推广事业。阅读推广对于人类的发展来说是功不可没的，它对人类的发展有着极大的作用。一个人的阅读史将影响其精神发育的过程。无论是从宏观角度来说，还是从微观角度来看，都需要将阅读推广事业放在较高的地位，这样才有利于人们眼界的开阔、格局的拓展，从而更好地完成阅读推广工作。而阅读推广工作的顺利开展，也将对人们的人生产生重大改变，积极地引导人们努力上进。处于新时期的阅读推广人更需要积极上进，开放思想，勇于创新，从更高的角度来展开阅读推广工作，努力实现阅读推广的教育和文化服务功能。如此才能让阅读推广工作得以高效顺利地进行下去。

第五章 数字化阅读概述

第一节 数字化阅读资源及其优势

一、什么是数字化阅读

信息和数字技术的发展，依托互联网的普及导致了电子出版物出现，人们获取信息的方式发生了巨大的变化，信息的传递方式也多种多样。阅读的内涵和外延已经突破了原有的范畴，它不仅指文字阅读，也包括音频视频信息的理解，还包括文本在线和下载阅读，等等。网络阅读、电子阅读、手机阅读，这些数字化的阅读方式正在改变人们的阅读习惯，并开始逐渐成为人们日常学习生活中不可或缺的部分。

所谓数字阅读，广义上讲，是指阅读对象的数字化，并以数字化形式获取或传递的过程。阅读的内容数字化主要以电子书、网络小说、电子地图、数码照片、博客、网页等形式呈现，借助的阅读载体或终端不是平面的纸张，而是带屏幕显示的电子仪器，称作数字化终端，如电脑网络浏览器、电子阅读器PDA、音频视频设备MP3、MP4、移动通信设备手机、特定的阅读器等数字阅读设备，支持文本、图像、音视频等任何格式，可以通过脱机或联网形式，实现交互式、跨越式、不受时间和空间限制的阅读。

狭义上讲，数字阅读相对于纸本阅读，只是载体的不同，从内容上看，阅读者获取的信息和完成的认知是基于"书"的内容。电子书一般有两种含义：一是指专门阅读电子书的阅读器，主要格式有PDF、EXE、CHM、UMD、PDG、

JAR、PDB、TXT、BRM 等；二是指将纸质图书的内容制作成电子版，一些厂商把使用电子显示屏的电子书阅读器称为电纸书。触摸式电子报栏，用户只需通过触摸屏幕，就能方便浏览原版的报纸，同时还可以在触摸屏上对报刊页面随意移动、缩小、放大。

相对于传统阅读媒介技术基础是纸与印刷术，数字化阅读媒介技术基础是网络与数字科技。所以，我们把不用纸本书的阅读称之为"数字化阅读"。网络阅读、电子阅读、手机阅读，这些基于数字基础的阅读方式都属于数字化阅读，从读书到读屏，数字化阅读体现着视、听、读、感多个层面的深刻含义，具有便于查询检索、易于存贮、开放共享、节省空间、经济环保等特性，使人们的阅读方式呈现出多元多样化。数字化阅读正在改变着我们的阅读习惯，丰富着我们的阅读生活，成为我们日常生活的重要组成部分。

二、数字化阅读优势

（一）低成本消耗

相比传统阅读，数字化阅读资源的载体主要是电子媒介，而传统阅读的载体主要以纸质图书为主。一方面，看似纸张比电子产品要便宜很多，但是对于信息的瞬息万变，作为载体需要不断更改，但每一次更改纸质图书都出版新书、重新造纸、排版、印刷，耗费大量资源，虽然数字化阅读一次性消耗成本比纸质图书要高了些，信息载体因其容量大、体积小，存取自如，易于修改；另一方面，从保存成本来看，绝版的纸质图书保存所付出的工作量大，成本高，保存效果差，达到一定年限只能藏而不能流通。数字化阅读资源既利于推广阅读，又能实现永久保存，且占用空间小，在保护珍本、善本古籍方面优势显著。综合来看，数字化阅读成本远低于纸质图书，能更有效地改善和保护环境。

（二）支撑科研

科学研究需要大量的材料支撑。数字化阅读相比传统阅读拥有大量信息源，数字化的存储技术，随机检索，随时存储，实时共享，形成一个巨大的资源库，为科学研究提供了强有力的基础保障。网络激发了科研人员创新的潜能，推进科研飞速发展。数字化阅读基于最先进的数字化技术、网络技术、信息技术的新传播媒体，它能够同时传播大量文字、图像、声音、动画等各种形式的信息，利于阅读品质的培养提高。网络信息通过链接将知识进行聚合，彰显阅读内容的直观性和形象性，提高阅读效果，培养阅读兴趣。数字化阅读提供了学术交流的平台。先进的阅读技术突破了时空限制，实现了知识与精神的交流互通，学习世界上最先进的学术成果，聆听到最好的学术讲座，浏览到最新的前沿动态，丰富的网络资源开阔了个人视野，可以围绕自己的专业阅读研究，从而大大节省了时间，促进科学研究的飞速发展。

（三）促进交流

数字化阅读可以实现互动式的交流，这种方式打破了传统阅读的孤独。借助各种阅读终端，手机、网络等通信方式找到虚拟世界人与人之间精神上的沟通，减少了面对面的尴尬。手机、互联网等技术使个人成为一个个节点，将个人与外界的传播从点到面形成散射，营造一种随时随地地转换空间的体验。

（四）提高能力

信息飞速发展，对人们获取信息，捕捉信息的综合能力都有了更高的要求。数字化阅读创造了大量提高能力的机会，丰富多彩的信息，瞬息万变的更新，如何在浩瀚的信息海洋中获取对自己有利的信息，数字化阅读本身造就了阅读技巧和信息辨别能力的提升。只有提高阅读速度才能适应急剧增长的信息量，才可以抓住有价值的信息创造财富。数字化阅读同时开阔阅读视野和空间，启发人们的现代意识和当代智慧，把握社会发展的最新动向，帮助人们掌握多元化的文化视角和阅读思维。数字阅读无论是阅读终端还是阅读形式，迫使人们不断地接触信息技术的产物，提高检索技能。数字化阅读依托全媒体、超链接、网络平台、检索技能是获取有价值阅读内容的关键。在寻找阅读内容的同时，学会检索方法与技巧。

(五) 缓解压力

紧张的工作压力，繁重的生活负担，没有时间去消遣娱乐，数字化阅读的随时随地性，内容的丰富性，给人们阅读创造良好的机会，成为人们缓解、释放压力的有力武器。个人在社会中生存发展不乏压力和困扰，如果不能及时释放和缓压就会对社会造成危害。数字化阅读是人们释放压力、获得心理满足的重要方式。数字化阅读丰富的内容，及时的信息，容易产生共鸣，获得愉悦，加上方便快捷的阅读方式，是人们释放压力、调剂生活的需要。

第二节 数字化阅读概况及其特点

一、我国数字化阅读概况

（一）数字化阅读已融入全民阅读

随着我国互联网迅速发展，网络在线阅读人群迅速壮大并成为主流。此外，手机的普及、电子阅读器的推出，电信运营商、数字传媒机构等在数字内容制作方面的开发，使各种数字阅读快速融入全民阅读行动中。数字化阅读方式在人们的日常生活中随处可见，并且成为人们工作、学习和研究不可或缺的选择。

同时多家企业参与全民阅读之数字阅读系列活动。国家新闻出版署组织电信运营企业、大型门户网站、官方主流网站、原创文学网站、专业学术网站以及人民出版社等传统出版单位联合策划、几经推敲，制订了全民数字阅读活动方案，以人民出版社网站为传播平台。中国电信天翼数字阅读基地将联合人民网、新浪网组织"七个一"活动，包括"读一本红色书籍""唱一首红色歌曲""看一部红色影视"等；清华大学、同方知网技术有限公司、中国学术期刊电子杂志社将开展多种主题阅读活动。此外，中国移动、中国电信、中国联通等电信运营企业、新浪、搜狐、网易、腾讯等大型门户网站，盛大文学等网络文学网站也纷纷利用各自优势和特点,让全民数字阅读辐射更多的区域、更广的读者。

(二) 数字化阅读纳入全民阅读计划

随着网络信息技术的飞速发展,数字化阅读已经成为助推全民阅读的主要形式。中央宣传部、国家新闻出版署联合发出要求,各省(区、市)党委宣传部、新闻出版局要按照全民阅读活动组织协调办公室制订和实施推动本地区全民阅读活动的具体计划,努力探索、不断创新全民阅读活动的方式,充分利用广播、电视、报纸、网络、手机等多种载体和途径,加大宣传力度,进一步扩大全民阅读活动的社会影响,吸引更多群众参与全民阅读。

(三) 数字化阅读构建多种阅读网站

基于网络平台,充分利用先进的技术,不断提高数字化阅读的影响力,普及人们的科学文化知识,国家图书馆构建全国数字化阅读服务网站,满足人们日益增长的文化需求,推进全民阅读共享,创建学习型社会。在国家图书馆数字化阅读网站上,根据不同的群体需求设有不同的服务平台,利用数字图书馆建设成果,建立中南海网站和国家图书馆立法决策服务平台,服务国家立法决策。目前,为少儿读者提供的数字资源总量已达10TB,读者遍布国内各省区市以及美、日、韩、法、加拿大等15个国家。国家图书馆通过加快数字图书馆在全国的推广,将从整体上提高全国图书馆的数字图书馆服务能力,使全国公共图书馆实现跨越式发展,并逐步构建起覆盖全国、资源丰富、服务快捷、技术先进、稳定可靠的分级分布式国家数字图书馆服务网络,为服务全民阅读、建设学习型社会做出更大的贡献。

二、数字化阅读的特点

(一) 阅读载体多样化

随着网络和信息技术不断发展进步,电视机、电脑、智能手机等其他移动终端的出现,使现代的阅读载体早已不限于纸本。阅读载体的变化给人们提供了多种方式的阅读,正改变人们的阅读习惯。如今我们在公园、地铁、机场和餐厅随处可见人们利用手持终端设备阅读和浏览信息。

(二) 阅读形态多元化

纸张作为阅读和传递的媒介,无法传输实时的知识和智慧,阅读范畴和阅读形态都受到限制和控制。然而数字化时代的到来,给阅读形态带来了巨大的改变。数字广播、数字电视、电子期刊、数字图书馆的出现,使整个城市数字化,生活数字化,让人们真正感受到,媒介技术的成熟和革新,信息传递的灵活与自由,内容丰富与多姿。而媒介形态的一路更迭跃迁也正在不可避免地影响着大众的阅读习惯和阅读形态,正在摆脱传统的阅读形态,而经历一场新的革命。

"快餐式"阅读。数字化时代,信息急剧增加,人们处于迷茫的阅读状态,不乏产生"信息焦虑症",加之人类生活节奏的加快,新旧知识的淘汰频率日趋提速,阅读形态也开始由传统的线性阅读转向快速浏览式的"快餐式阅读"。与报纸、广播和电视三大传统媒介相比,数字化时代更善于运用超链接整合知识点,表现为信息的错综交叉,在这种知识链的引导下,大众的阅读表现为交互而非直线、非单向的动态阅读,阅读变得更具随意性、跳跃性和动态性,阅读内容时习惯于从一个标题迅速跳到另一个标题,从一个网页马上跳到另一个网页,甚至通过超链接从一本电子书的某一章节立刻跳到另一本电子书的某一段,从精读转向泛读,从静态转向动态,从一元转向多元。快速、快感是其特征的形象概括。

"感知化"阅读。新媒体的出现,让阅读从印刷时代实现了声像时代的跨越。大众阅读逐渐转向声像阅读,用视觉和听觉来感知阅读的快乐。由此引发出阅读对象、阅读性质以及阅读心理、功能价值等多方面的重大变化,让阅读变得如此直接、轻松和趣味十足。

"碎片化"阅读。数字化阅读的兴起宣告着碎片化阅读时代到来。"碎片化",英文为Fragmentation,数字化时代由于获取信息的渠道多样化,仅仅依靠一种媒介传播知识的时代已经消逝。大众的阅读形态也随之转向个性化、多样化阅读。数字化时代,融汇多种媒体的图文影音的碎片化阅读,开阔了大众的视野和辨识能力。

"浅与深"阅读。数字化时代，人们的思维被多种知识所充盈，直接导致了浅阅读的诞生。以轻松愉悦消遣为目的的阅读形式，浅阅读成为大众的喜好。在追求速度、广度、利益度的浅阅读价值观的引导下，大众媒体文本本身的句子越来越短，内容越来越浅显，读者的抽象思维使用程度大大降低。

（三）阅读环境随意化

阅读环境的随意性主要体现在，读者与阅读内容的平等性，读者选择阅读时间的随意性，读者选择阅读地点的方便性。由于网络的开放性，信息资源的开放获取性，使读者能方便容易地看到以前花钱都很难买到的文献。而且读者的阅读环境可以由面对纸质图书，改变成直接与读者对话、直接与作者对话，通过现代的博客、网页、论坛、微信等交流方式直接读入；读者不再需要一个安静的地方手捧一本书，而是无论在地铁上，还是候车室，等等，借助现代的移动终端设备随意阅读；可以借助交流平台、读书网站，共同读书、品书。从时空上打破了传统阅读造成读者与作者之间、读者与读者之间的沟通障碍。打开了传授双方互动的阀门，博客是数字化阅读互动的典范。

第三节 全民阅读的数字化阅读新形态

一、创新与助推全民阅读

数字化阅读方便和快捷，成本低廉，有一部分人已将数字阅读逐渐取代纸质阅读，将其作为主要的，乃至唯一的阅读方式。然而，阅读习惯的改变，并不意味着全民阅读进程的退化，而是阅读人群随着阅读方式的变化发生转移。很多人在利用数字化阅读随时抓取信息的同时，也会对图书期刊等产生兴趣，将其购买回去阅读或收藏。因此，数字阅读的发展，在很大程度上也可带动传统阅读的发展。数字化阅读是知识信息传递更快更广的一种形式，为全民阅读的开展创造了有利的条件。

近年来,数字阅读已经发展为中国全民阅读的重要组成部分。数字阅读率不断提升,这其中的阅读方式包括:网络阅读、手机阅读、PDA/MP4/电子词典、光盘读取,以及其他手持电子阅读器阅读。

目前,数字化阅读带动了全国阅读行业的发展,从不同的角度推动了全民阅读的开展。同时,数字化阅读已逐步成为全国各地推广全民阅读的新形式,各地在重视传统阅读的同时,加大力度宣传数字阅读,纷纷借助网络、手机等各种数字阅读终端向读者推荐图书,建设阅读网站和创建数字化阅读社区、园地等。例如,数字农家书屋,以及电子阅报栏进驻街道、数字图书馆进入社区等公共文化服务设施建设,都对全民阅读的开展起到了有力的推动作用,使信息知识传递的范围打破了地域的限制,大大缩小了城市和农村等不同人群阅读差距,加速了信息获取速度,在真正意义上实现了推动全民素质的普遍提升。

二、数字化阅读未来发展趋势

(一)数字阅读与传统阅读融合发展

社会的发展带来了人们需求的多元化。从纸质阅读到屏幕阅读,多元化的媒介推动了阅读方式的不断进步,但旧的媒介并不会因为新的媒介出现而消失。阅读方式也是如此,传统阅读与数字化阅读融合发展才是未来阅读发展的趋势。人们的生存、发展离不开阅读,休闲娱乐离不开阅读,阅读成为我们生活的全部。数字媒体的出现赋予了阅读更高的社会意义。数字化阅读随着网络的普及和移动终端不断涌现,正在为拯救其自身发展的同时而不断推动全民阅读的开展。

(二)重点开发手机阅读

手机阅读将是未来数字化阅读的代表。整合开发适合手机阅读的移动数字资源,如升级现有的数字阅读平台,使其支持移动阅读;与移动运营商合作,直接引进移动业务平台;完善手机图书馆网站建设,把图书馆应用延伸到手机终端,如延伸现有电子资源(进行文本格式转换,方便移动阅读);创建用户友好阅读界面，数字化阅读以方便快捷著称，友好的阅读界面必将符合阅读心理需求，如提供免费手机图书馆客户端，等等。

（三）加强数字内容监管

数字阅读确实引发了"轻阅读""浅阅读""快阅读"等忧虑，但毕竟数字化阅读是技术进步的必然产物。如何让数字阅读带给人们快捷丰富的知识快餐？如何引导数字阅读中人的阅读动机的合理化与素质的提高？是数字化阅读需要解决的问题。因此，在肯定数字阅读的互动功能和文化普及功能的同时，对数字阅读的内容和方式进行适度的"人文监督"是数字化发展的有效手段。

数字化阅读的内容主要来自互联网，必须进行"人文监督"，在信息的海洋中摒弃糟粕，留用精华。人们呼吁完善网络内容监督机制，也是数字化阅读的基本质量保障，因此，要完善网络内容监管立法体系，规范和管理保护网络内容的健康安全。例如，电子商务、网络游戏等网络界定交易规则，保护隐私，明确责任；明确规定网络舆论监督的形式与内容、方法和途径、权利与义务以及网络侵权的法律责任；明确纪检监察机关对网络监督的受理程序、查证措施、反馈时限、奖惩办法等。建立统一行政管理机制，针对管理部门多，管理对象模糊的现状，建立统一的网络信息内容安全治理机制显得尤为重要；开展道德良性引导模式，培养各类网络红人，作为网络达人，把握舆论方向，将网络内容向积极健康的正能量引导。可以通过网站模式、论坛模式，采用启发式回帖、点评、互动等形式从而将网民遵守网络道德规范。培养网民的道德情感，建立网络技术提升方案，借鉴国外的技术标准，结合实际，提升网络技术监管能力。加快推进与网络信息安全相关技术研发，提高运营终端的软硬件设施，提升安全防护系统的整体水平，以应对复杂多变的网络攻击。数字化时代，依托网络借助各种终端，数字化阅读应运而生。相对传统阅读而言，数字化阅读具有很多优势，颇受人们的青睐并迅速普及，逐渐成为人们阅读的主要方式。基于网络的阅读平台迅速猛增，内容丰富，形式多样，为推动全民阅读提供了强有力的资源保障。随着移动终端不断涌现，阅读载体多种多样，存储量大、易于检索与保存、成本低廉成为人们阅读的首选。受众在网络资源盛行、阅读载体丰富的时代，需求与习惯也随之发生翻天覆地的变化。无论是数字阅读还是传统阅读，除了方式不同，阅读的本质是没有改变的。数字化阅读带来的新的感知，与传统阅读相辅相成，共同构成全民阅读的两股能量。传统阅读的优势与历史，是数字化阅读不可替代的，然而毋庸置疑的是，数字化阅读的特点是传统阅读无法比拟的，并将成为全民阅读的主流，共同传播知识，传承文明，服务社会，推动全民阅读不断前行。

第六章 数字化阅读的媒体与推广媒介

第一节 数字化阅读的媒体

一、网络阅读

（一）互联网阅读

IT 技术和互联网的不断普及使得人们的阅读方式、阅读习惯和阅读环境发生了巨大变化，互联网阅读由此诞生。广义上来讲，互联网阅读指的是借助计算机这一终端阅读设备和互联网平台来获取包括文本在内的多媒体信息和知识集合体、完成超文本阅读的行为，几乎所有的互联网浏览行为都可以算作广义的互联网阅读，如浏览新闻等。狭义的互联网阅读可理解为借助计算机和互联网技术进行的电子化的图书、报纸、期刊的阅读行为。学界研究的一般为后者。从形式上来讲，阅读可分为在线阅读和离线阅读。前者较为普遍，如风靡一时的晋江文学城、红袖添香网、起点中文网、新浪读书频道等都属于这类网站。离线阅读主要是将电子化的图书、报纸、期刊下载后利用计算机等进行阅读。

（二）阅读推广主体网站

1. 全民阅读网

"全民阅读网"在 2010 年 4 月 9 日于中国图书馆学会阅读推广委员会全体委员第一次工作会议上正式宣布启动。

该网站由阅读推广委员会所有专业委员会合作共建，由网络与数字阅读委员会、深圳图书馆提供技术支持，其宗旨是"保障阅读权利，享受阅读快乐"。它既是中国图书馆学会阅读推广委员会的工作平台，又是面向行业的研究交流平台，还是面向读者的阅读服务平台，包含资讯与动态、阅读与鉴赏、推荐与评论、技巧与方式、专家与读者、研究与出版、委员会专栏等栏目。

如今，快节奏的生活促使人们形成了简洁的"微文化"，全民阅读曾一度面临深购买、浅阅读的窘境，面对急速膨胀的书刊市场，人们时常感到不知所措，更无法静下心来细细品味鉴别。而这正是阅读推广网站诞生的根本原因，要指引人们正确走入数字阅读的新时代，适应在数字化环境中对阅读信息的快速选择和吸收。

2. 中国全民阅读网

于2010年4月19日正式开通的"中国全民阅读网"，由国家新闻出版署主管，中国出版科学研究所主办，国民阅读研究与促进中心和中国出版网共同承建，旨在向国民宣传阅读的重要性，提高全民阅读的自觉性和主动性，不断提高我国国民的阅读率。

网站内容主要包括：一是发布宣传和推广阅读活动方面的政府信息、行业信息、各地动态以及国外的阅读活动等资讯类信息；二是发布包括国民阅读调查、国家机关读书活动、全民阅读活动简报以及全民阅读蓝皮书等在内的专题报告；三是组织网民开展互动性的在线论坛、在线调查以及在线访谈；四是发布各级政府、行业协会及有关组织针对不同读者群体推荐的阅读书目；五是发布出版单位推荐的优秀出版物，并开展在线阅读等。

二、手机阅读

（一）手机阅读

手机阅读于2006年前后兴起。它的代表形式是以手机为载体访问WAP站点浏览，通过各种手机阅读客户软件以及通过短信、彩信等阅读，根据阅读内容主要分为手机报纸、手机图书、手机杂志。手机报是依托手机媒介，由报纸、移动通信商和网络运营商联手搭建的信息传播平台，用户可通过手机浏览到当天发生的新闻。它的实质是最新电信增值业务与传统媒体相结合的产物。手机报主要分为彩信手机报和 WAP 网站浏览两种模式。我国目前已开通服务的手机报大多采用的是第一种模式。

（二）手机电子书阅读软件

1. 掌阅

掌阅又名 iReader，是国内非常受欢迎的一款手机阅读软件，拥有丰富的图书资源。该阅读软件拥有畅销、生活、文学等类别的优质图书数字版权 50 万册，是业内第一大内容分发平台，具有用户体验较好、功能强大、个性时尚、界面简约的特点。用户安装注册后，可以给账户充值，充值后转换成阅读饼，用来购买图书。书城中主要有原创文学、出版图书、漫画、杂志等，每天提供限时免费阅读的图书，对于收费的图书，提供免费试读功能，试读后如果感兴趣可以用阅读饼购买整篇文章。在阅读过程中，可以做纠错、复制、高亮等标记，也可根据喜好改变字体、字号、背景颜色、翻页方式等。iReader 的书架设计非常精美，一本本书被整齐地放在木纹书架上，主界面向左滑出个人中心等附加功能。通过 iReader 软件阅读书籍的时候字体显示非常清晰自然，书页的翻页效果也极为逼真。通过长按屏幕，可以通过"笔记""高亮"等操作来记录文章中重要的语段，留下读书的痕迹。在阅读风格上，我们可选择白天、夜间、护眼、羊皮纸、怀旧等多种形式，字体大小、亮度也可随意调节，支持自动阅读、备份看书历史等多种功能。总体而言，iReader 能带来不错的阅读体验。

2. QQ 阅读

QQ 阅读是腾讯开发的一款手机看书软件，支持多种手机平台，界面包含书架、精选、书库、发现四个板块，其中，书库中包含出版图书 8 万余册，原创文学类图书 18 万余册。平台具有实用的书签功能，自动记录每本书最后阅读位置，阅读页面支持全屏模式、夜间模式、旋转屏幕，可以更改背景颜色、文字颜色、字体大小、行间距大小，页面支持文字跳转和章节跳转，同时支持按目录查找本地书和自动查找。用户界面设计风格有点像 iBooks，不管是书架的样式还是翻页效果都能够看到 iBooks 的影子。每一个章节结束都进入一个章节的讨论，可以与书友互动。而在功能设计上，与 iReader 也有相似性，只是它创新性地加入了"词典"功能，可以查询所查字词的拼音和解释。图书有免费、包月和收费三种类型。

3. 多看阅读

多看阅读作为一款通用阅读软件，主要提供图书阅读，新增原创频道，支持本地多种格式图书的阅读（具体格式因对应平台而异）。多看阅读拥有免费图书搜索功能，用户可个性化设置书架分类、白天/夜晚主题、字体大小和间距。阅读批注和经典语句分享也十分便捷。一个账号支持多个版本实时同步。多看阅读崇尚"享受精品阅读时光"，界面赏心悦目，有明显层次感，通过左右滑动，就可以切换三大主要界面（个人中心、书架、书城），流畅度和操作性的表现都不错。书城的图书被分为畅销和最新两大类，界面安排紧凑合理，不需要点击进入便可知道书名、作者和价格，这一点方便读者在逛书城的时候了解图书的基本信息。另外，对文字进行批注、分享等功能基本一应俱全，还可以用不同颜色来批注文字，比较有特色。

4. 豆瓣阅读

豆瓣阅读是一款移动客户端阅读软件，提供的阅读内容丰富，拥有世界文学、外国文学、环球科学、新发现等多个内容，种类繁多，包括科幻、推理、诗歌等。读者可以添加已经下载到移动设备中的电子书直接阅读，也可以通过该软件下载文章。有的文章可以免费下载，也有需要豆币进行购买的，豆币通过对账户进行充值获得。阅读过程中，读者可根据喜好调整字号、字体、亮度、配色、翻页方式等，最具特色的是，软件为读者提供了交流的平台，读者通过沙龙区，与其他读者交流心得。打开豆瓣阅读，满满的清新文艺风格，加上商店的界面设计得相当简洁，让人一目了然。进入豆瓣阅读之后，如果要对书的内容进行评论，需要输入豆瓣账号登录才能正常使用。另外，无论在翻页、滑动抑或点击等的操作上，豆瓣阅读都能流畅地运行。另外，豆瓣阅读支持画线、分享、复制、纠错的功能，但没有旁注、笔记、字典等实用功能。

5. 咪咕阅读

咪咕阅读基于用户对各类题材内容的阅读需求，与具备内容出版或发行资质的机构合作，整合海量原创文学、图书、杂志、漫画、听书、手机报、小说爽文、名家名作等多种阅读内容。咪咕阅读有多种功能和贴心服务，包括可在线阅读、下载阅读、连载更新预订提醒、自动书签、云收藏、分享图书或文字到微信或微博，并拥有优秀阅读体验，如全夜间皮肤、自定义字体设置、多种翻页效果、字体缩放、亮度调节、多阅读背景、行间距调整、屏保设置等。

6. 百度阅读

百度阅读是百度为了满足用户阅读类需求而推出的产品，包含面向版权方的百度阅读开放平台和面向阅读类用户方的各个展示终端。作为互联网和移动互联网上的电子书阅读平台，百度阅读开放平台是百度阅读类资源的统一引入平台，版权方可以通过该平台上传、管理、销售自己的版权资源。百度阅读能够为用户提供多终端的展现，满足海量读者的阅读需求。

（三）手机阅读的优势

1. 获取方式更加便捷

学校图书馆普遍购买了大量的电子资源，包括电子图书、电子期刊和视频库，通过移动图书馆将这些电子资源整合到移动终端进行阅读，另外，学校图书馆为了提高纸质资源利用率进行了馆藏数字化加工，读者只要拥有一个手机就可以全方位搜索图书馆所有的电子资源。有些数据库商单独开发阅读APP，读者通过手机便可获取丰富的阅读资源。另外还有大量休闲类阅读网站、学术会议类网站、新闻娱乐类网站等，读者可以很方便快捷地获取丰富的数字资源，可以说，通过数字阅读不仅可以方便快捷地获取资源，而且内容上可能较纸质阅读更加丰富，而且读者不受时间空间的限制。

2. 利用大数据技术可实现个性化阅读

大数据技术已经逐渐融入各行各业中，利用大数据可以分析受众的喜好，从而为受众提供个性化信息推送，也为决策制定提供数据支撑。大数据技术也逐渐融合到阅读行业中，在数字出版活动中可进行受众行为分析、实时统计分析以及精准营销等，可以根据读者的阅读喜好和当前热点进行个性化阅读推送，为读者节省查找资源时间。

三、自媒体阅读

（一）自媒体

1. 博客

博客的兴起，来源于网络技术的变革。随着网络时代发展，原来由门户网站等自上而下地集中控制与发布信息资源的互联网体系开始快速转变，由广大用户自下而上地参与到互联网中组织与传播信息越来越多。每一个互联网的用户，都可以成为信息资源的创造者或提供者，每个人都可以贡献自己的思想和智慧，网络生活从此揭开了新的篇章。

博客是记录心情的网络日志，可以发表自己的想法，描述和表达自己的见解，记录生活中的琐事，将个人工作过程、生活故事、思想历程、闪现的灵感等及时记录和发布，可以是流水账式的，也可以是一些思绪和感悟。博客为普通网民提供了自由上传作品和存储、订阅网上内容的海量空间，这些空间进行着信息生产、积累、传播和共享，标志着社会大众进行网络内容创作的主体地位的形成。

博客能够广泛结交朋友，是一个很好的交流讨论平台。让网络上的朋友更好地了解自己，在网络上展示自己，和天南地北的朋友进行更好的交流。日志发表，关注的人就能看到。有时，一篇日志可能会得到不知名的朋友非常高的评价，也是一种特别的感受。博客同时也是了解他人的重要工具，通过博客可以结识许多陌生的朋友，以文会友，与各类朋友进行深度沟通和交流。

博客能够体会分享的乐趣，实现知识过滤与积累。博客具有资料收集的功能，可以上传图片、写文章、传视频，或者充分利用超文本链接的特点，收藏自己喜欢的东西，记录网海遨游中的点点滴滴，精选并链接互联网中最有价值的信息、知识与资源，和朋友共同分享。博客可以是以超链接为主的网络资源，也可以是具体的文章，相当于网络上的个人文摘，查找资料和存储资料更加方便快捷。

博客还可以是一个私密的空间，作为自己的小天地，书写自己的心情，也许不一定是写给别人看的，只是自己思考一下当天的事，记录心中的所思所想，成为以后美好的回忆，方便、快捷又安全。有不少博客空间可以将部分文章设为私有，这样，博客就相当于秘密的个人日记。

2. 微博

(1) 简单方便

微博对使用者硬件的要求不高，只要是能连接网络的智能设备，诸如电脑、手机、iPad 都可以运行。而其对使用者本身的门槛也很低，只要会基础电脑操作的人都可参与。

(2) 即时性

微博的发布和被人收看都有即时性。由于智能手机的普及，推广主体理论上随时都可以发布微博，而写好的微博上传到服务器的时间一般小于 1 秒，这就打破了很多推广媒介只有工作时间可以发布的时间限制。此外，关注了推广主体微博的用户，只要刷新自己的微博，推广主体的更新就会显示在其微博页面，这就使得不管是发布还是接收，微博的即时性都很强。特别是针对突发事件或有影响力的大事件，其实时性、快捷性超过绝大多数媒介。

(3) 互动性强

推广主体更新自己的微博时，其所更新的内容会及时传递给他的粉丝或关注者，而其粉丝或关注者便可立即在其下评论，由于所有人都能看到微博及评论内容，第三者可以对微博及之前的评论发表自己的评论。这就可以以一条微博为桥梁，为对此话题感兴趣的个体与推广主体之间搭建一个立体的互动通道。

(4) 共享性

与网站、电子邮件、博客等媒介不同，用户可在自己微博的首页上看到所有自己关注对象的微博内容，还能将自己在互联网上看到的精彩内容发布到微博上，并加上评论，使更多的用户共享这些信息。

(5) 社交性

微博用户可以通过寻找自己已关注者的好友网络找到自己感兴趣的博主，关注即可获博主的微博更新，也可以通过参加相同兴趣或话题的微群，关注其中志趣相投的人。这就在无形之中为微博用户提供了一个拓展人际网络的平台。

(6) 易获得性

如果用户想了解某人的信息或更新，可以选择关注该人，之后其在微博上的所有更新信息都会在第一时间发送给用户，用户即可随时了解他的动态。

3. 微信

微信是腾讯公司在 2011 年 1 月发布的一款手机通信软件，它支持通过手机网络发送语音短信、视频、图片和文字，可以单聊及群聊，还能根据地理位置找到附近的人，带给用户全新的移动沟通体验。此后，微信用户数量迅猛增长，如今几乎已经成为智能手机的必备软件之一。

微信公众平台是在微信的基础上新增的功能模块，通过这一平台，个人和企业都可以打造一个微信公众号，并实现和特定群体进行文字、图片、语音的全方位沟通、互动。其中，服务号只面向企业或组织机构申请注册。任何组织和个人可以申请公众号的订阅号，建立自媒体，并通过后台管理进行图文信息编辑、语音和视频采集，然后群发给订阅该公众号的人（以下称为"粉丝"）。订阅号每天可推送一次信息，每次可以推送多条相互独立的图文内容。订阅号的运行与传统媒体报刊相似：用户主动订阅，定时推送。与微博不同，订阅号与粉丝之间是私密的，其信息传播和交互都是一对一的，微信公众号将信息定时推送到用户手机上。

（二）科学引导自媒体阅读向"深度阅读"转变

自媒体阅读是借助自媒体移动平台进行的一种新型阅读方式。与传统纸质媒介阅读相比，它有着无可比拟的技术基础、便携优势和分享特色，契合了现代人的生活节奏和年轻人的阅读习惯。自媒体阅读的兴起是数字化时代无法阻挡的历史潮流。自媒体阅读正在重塑当代学生的读书习惯，校园里随处可见的低头族，用拇指乐此不疲地快速浏览着海量的网上资讯，而讲究潜心苦修、体悟反思的经典阅读方式则与学生渐行渐远。如何引导当代学生从自媒体的浅阅读向深度阅读转变，是一个亟待思考和解决的大课题。

1. 发掘自媒体"深度阅读"的隐形优势

就形式而言,自媒体阅读是利用碎片化时间所进行的一种屏幕阅读,它无可避免地打着"浅阅读"或"快餐阅读"的鲜明印迹。但同时,它也为"深度阅读"开启了一扇大门。网络社区的超文本链接,为我们的阅读"迎面开启一扇一扇的门",在许多你可能感兴趣的地方都设有新的链接,可以开启新一扇门,直接获取你所感兴趣的深度信息。对于忙碌的现代人来说,它几乎是最适合人们阅读习惯和阅读期待的媒体形态。学校图书馆有责任帮助学生正确地分辨自媒体阅读的利与弊,引导他们趋利避害,让自媒体"深度阅读"的隐性优势转化为显性优势。

2. 帮助学生树立科学的阅读观

系统掌握本学科的基本理论体系,了解本学科的发展前沿,从事永无止境的科学探索,没有持久的潜心静气的专业阅读是难以完成的。与此同时,要清醒地认知浅阅读的危害,坚决摒弃浅阅读的不良习惯。

3. 养成阅读经典的良好习惯

深度阅读在一定意义上是一种经典阅读。经典作品不只限于专业书籍,还有文学和社科类书籍,它们从不同方面构成人类认识世界图景,涵养人文精神的养分。学生要养成广泛涉猎经典著作的良好习惯,因为,经典"具有典范性、权威性、经久性品质,是人类历史长河中精神创造的传世之作",在阅读经典的过程中,不停地咀嚼与回味,思考与对话,它能助我们了解世界,观照自我,给我们提供切切实实的精神之"钙"。学校要引导学生养成爱读书、读好书、读经典的良好习惯,要努力回避那些玄幻武侠的网络小说、职场精英的处世宝典,因为它们没有"从生命的深处增加生命"的厚度,丰富人们的生活,反而把人们阻隔在"伟大作品"的宝库之外。

4. 组织丰富的经典阅读活动

当下学生阅读经典的兴趣并不高,原因是多方面的。其中,最重要的恐怕是满足于浅阅读带来的轻松与愉悦,不想花费时间去读经典。其次,部分学生对何谓经典,哪些书可读,还处于懵懂无知状态,想读书但不知读什么书,只有随便找一本翻阅一下。经典阅读需要引导,唯有引导才有效果。所以,学校图书馆应当发挥主导作用,每一个学期都要定期组织形式多样的经典图书阅读活动,引导更多的学生参与到"读好书、好读书"的活动中来,这也是"倡导全民阅读,建设书香校园"的有效途径。

第二节　数字化阅读的推广媒介

一、传统推广媒介

（一）常规报刊

1. 发行报纸

报纸是以刊载新闻和时事评论为主的定期向公众发行的印刷出版物,是大众传播的重要载体,具有反映和引导社会舆论的功能。报纸的特点有：以纸张为载体,易保存,携带方便；价格较低,覆盖面大,读者广泛；传播及时迅速；具有储藏性和反复阅读性；图文并茂,说明性、阐述性较强等。报纸作为一种存在和发展了数百年的信息载体,在社会中具有不可替代的地位。

报纸作为阅读推广媒介,有其优势。第一,传播信息,宣传引导。报纸传播的基本目的就是传播信息,把新近发生的事实以最迅速的方式告诉读者,让读者及时了解。阅读推广主体借助报纸传播,使其阅读推广项目为受众了解；宣传其拥有的资源,使读者知道其能从阅读推广主体那里获得什么；报道阅读推广活动盛况,让受众了解。第二,传播知识,陶冶情操。阅读推广主体可直接刊登书籍推介,使读者能直观地获得与书籍密切相关的信息,激发读者进一步阅读的热情,还可在报纸上推广个人阅读经验,让读者感受阅读的乐趣。第三,报纸类型齐全,受众广,每类报纸都能成为阅读推广的助力。读者在不同地域的生活、阅读偏好不同,可按所属区域范围做阅读推广,全国性报纸、省级报纸、地市级报纸就是这种地域性推广的很好的媒介。读者对信息类型的偏好,决定了阅读推广也要按信息领域分类。时政类报纸、经济类报纸、娱乐类报纸、生活服务类报纸、体育类报纸、法制类报纸等也为各类图书的阅读推广提供很好的载体。其他像党报、都市报、专业性报纸，都有较为固定的受众，适合做一些有针对性的阅读推广。

利用报纸媒介做阅读推广，要注意一些问题。第一，依据阅读推广项目来选择报纸。阅读推广项目必须清楚其推广对象，并分析出目标群体是哪类报纸的受众，从而选择出最适合的报纸来做阅读推广，有效地避免投放盲目性。第二，阅读推广内容需图文并茂，具有说服力。阅读推广文案要吸引读者的注意，主要依靠文字能量和图形符号，二者配合得好，就会产生更大的感染力。第三，刊登方式。报纸版面越大，注意率越高，效果越好，但费用也会越贵，所以，阅读推广主体需要根据财务资金和项目目标寻找可接受点。阅读推广项目启动的初次广告可以刊登大一点，后续逐渐缩小。而读物推广可建专栏，连续固定版面刊登，可以使读者加深印象，同时也给未留意文案的人以更多的接触机会。

2. 期刊

期刊，又称杂志，是面向公众，定期或不定期成册连续出版的印刷品。刊期往往在一周以上，半年以内，有固定名称，以卷、期或年、月顺序编号出版，每期版式基本相同。杂志具有发行面广，携带信息丰富；印制品质高，美感度较强；分类较细，专业性强；读者对象较固定，针对性强；保存期长，重复阅读率、互换阅读率高等特点。

杂志的最初起源就与阅读推广相关。17世纪伊始，一种小册子在法国流行起来，这种小册子的功能是介绍法国的书店和书籍，有点类似于现在的"书评"或者"导读"，这种小册子经常出现在书店里，属于原始杂志。因此，杂志是阅读推广的一种重要媒介。它的优势体现在：第一，传播和宣传信息。杂志是一种信息产品和精神产品，向社会公众传播信息是杂志的首要功能，传播信息的同时，也在宣传某种思想或文化。在杂志上做读物推广和阅读意识推广，会有很好的效果。第二，专业性强，读者对象固定，针对性强。杂志比报纸更适合做分类阅读推广，因为它的种类更多更齐全，专业化倾向越来越明显，如按照读者的性别，有男性杂志和女性杂志；按照读者年龄有老年、中年、青年、少年、婴幼儿杂志；按读者职业有针对工人、农民、教师、商业工作者、军人、技术人员等的杂志；还有面向各个学科专业的学术性期刊。杂志的发行对象都是特定的社会阶层或群体，他们具有相对稳定的知识结构或文化消费习惯，在杂志上做阅读推广更能突出针对性。第三，时效长，传播效果持久。杂志具有比报纸优越的可保存性，读者可能将杂志保存后再次翻看，或者亲友间传阅，图书馆等机构也会收集管理过刊以便借阅。这样，阅读推广内容的传播效果会更持续耐久。

在杂志媒介上做阅读推广的注意事项有：第一，阅读推广主体首先要考虑哪些阅读推广内容适合在杂志媒介上刊载。阅读推广的内容，如阅读读物、提高阅读能力的文案、激发阅读兴趣的文案都适合在杂志上刊载，但刊登阅读推广的广告就需要慎重考虑。杂志的传播速度较慢，它在编辑、印刷、发行上都有较长的周期，因此，不能刊载具有时间性要求的短期阅读推广项目的广告。而就算是长期阅读推广项目，因为杂志到达和频次的局限性，对杂志投放的广告就提出相当高的要求，只有制作更精良才能给读者留下深刻印象。第二，阅读推广的内容要符合杂志的特色和主题。一种杂志为了能在市场中站住阵脚，都有自己相对稳定的风格，也会要求刊载的文案与它的品牌特色、品牌定位、栏目设置等相辅相成。另外，阅读推广内容也应信息量大且具有较强的观赏性和艺术性。第三，刊登方式。阅读推广内容可以专栏方式存在，展示诸如读物推荐、阅读人物介绍、读书典故举要、阅读技巧与方法推广、书评、阅读推广成功案例推介等内容。阅读推广内容也可嵌入杂志内容，潜移默化地渗透到读者心中。比如，许多杂志都有"人物专访"专栏，文中可说说人物的阅读经验、书籍推荐等。

（二）专门印刷品

1. 内部刊物

许多阅读推广主体都有内部刊物。内部刊物一般分三类：第一类以业务交流为主，以工作人员、业内人士为阅读对象；第二类以促进读者阅读为主，以读者为阅读对象；第三类兼顾上述两种内容，直接具有阅读推广作用的是第二类，它是连接阅读推广主体和阅读推广对象的桥梁。内部刊物具有内容容量大、连续性、自主性强等特点，阅读推广主体可以根据需要设定合适的篇幅与内容，因此，它是阅读推广很好的媒介。

以促进阅读为主要特征的内部刊物，其内容都是基于阅读推广主体的资源与服务，可以设置特定的专栏，适时根据情况设置专题。常规内容有新书信息、书刊推荐、特色馆藏、服务动态、活动信息、数据库推介等，也可刊载读者的阅读心得感悟、书评、建议和阅读相关的趣闻趣事等。这不仅能让读者了解阅读推广主体的基本情况，也引导读者发现原来阅读也是一种积极和快乐的生活方式，进而对阅读产生兴趣。在特别的时间段或节假日，可以出一期专题，如世界读书日、国庆节、寒暑假等。偶尔插入专题，紧贴时下阅读热点，能让读者耳目一新，会收到更好的效果。刊出内容的形式也可以多样化，罗列条目、纪实、评论、随笔，甚至小说诗歌都可以。图片、插图是必不可少的。封面尤其重要，精良的制作、艳丽的色彩、构图的美妙才能更强烈地冲击读者的视觉，吸引他们拿起刊物。

内容丰富、印刷精美、图文并茂的刊物，才能吸引读者。如果阅读推广主体在刊物设计上缺乏人力，可以请专业公司来设计与印制。内部刊物的形式也很灵活，可采用翻页形式，也可采用折叠方式，或者其他更吸引眼球的方式。

2. 宣传手册

阅读推广主体在宣传时会使用到各种手册，介绍自己的，如机构简介；面向读者提供使用帮助的，如读者指南；还有介绍资源的，如资源手册。这些手册也是阅读推广的媒介，运用得好，能扩大和稳定读者群。

机构简介是阅读推广主体向公众介绍自己的文字窗口。它的阅读对象就是潜在读者。简介的内容需要贴近潜在读者，一般而言，他们需要知道这是一个什么样的机构，有哪些资源和服务，哪些东西能吸引他们，等等。在构建机构简介时，需要注意：第一，内容简练，重点突出，如果读者需要花长时间和耐心读完一份简介，他们通常会在中途放弃。必要时，重点内容可以用列表罗列出来，避免被其他文字分散了注意，减少不必要的炫耀功绩和赘述历史等内容。第二，避免使用专业术语，使用贴近潜在读者的语言风格。隔行如隔山，所以，简介最好用通俗而准确的语言传达。语言的使用虽然是表现形式的问题，但它的重要性有时甚至大于表现内容。使用贴近潜在读者的语言风格，能吸引他们的阅读兴趣。如对象是学生，简介可以使用清新明快的语言风格；如果潜在读者是儿童，可使用幽默风趣又富有童真的语言风格等。第三,色彩鲜艳,吸人眼球。机构简介,无论是挂在墙上,还是印刷在纸上,或是网页形式,想引人注目,除了文字,还必须有相配的色彩。可以是背景色,可以使用图片,甚至可以以漫画的形式来表达。

读者指南是引导读者使用阅读机构的辅助性工具,是阅读推广中一个不可缺少的载体。它具有解决读者常见问题,吸引潜在读者,提升读者利用阅读机构能力等作用。读者指南的内容一般包括以下几点:第一,机构概况,包括开放时间、馆舍分布、服务对象、规章制度、交通等;第二,服务项目,包括卡证办理、书刊借阅、文献传递、咨询服务、讲座服务、手机服务、常见问题等;第三,资源介绍,包括数据库、馆藏书目等。除了完成它必须传递的信息外,还可以从以下几方面提高读者指南的可读性:文字简洁,增加文字的亲切感;针对服务对象提供专门性的指南。

3. 宣传海报

海报是由文字、图案、色彩三大元素通过版式构图形成具有一定艺术风格的视觉效果,从而传递作品所要表达的信息,是用来传递信息的宣传性艺术语言。它具有应用广泛、传播深入、方式大众化、视觉冲击力强、制作简单、价格便宜等特点。

海报是希望阅读推广对象的参与,它是广告的一种,内容上通常要写清楚活动的性质,活动的主办单位、时间、地点等,非常适合做阅读项目广告。海报制作与投放需要注意以下三点:第一,明确阅读推广项目主题和推广对象。海报必须围绕活动主题和推广对象来设计,两者是海报各构成要素的设计引导,保证信息传播的有效性。第二,海报的语言要求简明扼要,形式要做到新颖美观。海报设计以图案、文字、色彩作为主要视觉语言载体,文字需要直接、准确表达信息,此外,独特的广告语与新颖的文字造型能深深打动人,使所宣传的信息留存脑海中。图案是能刺激眼球的元素,传递信息更直观,更吸引人的注意和巩固人的记忆。色彩能引起人的心理上不同的反应,不同的颜色搭配能影响人的感知,从而产生不同的传达效果。因此,制作海报时要对主题有深刻理解,结合推广对象的地域、民族、年龄等来运用色彩,才能更吸引人加入活动。第三,应讲究投

— 141 —

放技巧。所有海报都应张贴或摆放于人们易于见到的地方才起到广告的效果。需要长时间展示的海报，必须放置在阅读推广主体能控制的地方，如室内墙壁。一般的短时间的阅读推广活动海报可以放置在任何适合的地方。

（三）标志物品

1. 标志标语

LOGO 是标志、徽标的意思，是具有特定含义的视觉符号，通过抽象图形将机构的具体事物、事件、精神或理念表达出来，让人们在看到 LOGO 的同时，自然地联想到它所代表的机构或组织，以及它所代表的特征、使命、文化等精神内涵。LOGO 具有识别性、内涵性、色彩性等特点。阅读推广项目应该有自己的LOGO，通过对 LOGO 的识别，引发联想、增强记忆，促进阅读推广对象与项目的沟通与交流，从而树立并保持对阅读推广项目的认知、认同，达到高效提高认知度、美誉度的效果。因此，LOGO 是一种很好的阅读推广媒介。阅读推广的 LOGO 设计应注意：第一，阅读推广对象的社会心理。LOGO 的设计制作应结合阅读推广主体的文化背景，再迎合推广对象的心理需求，才能提高认可度。第二，凝练、美观、实用。作为一种与大众沟通的符号语言，LOGO 需构图精练、图形简化、外形美观，令人一目了然，并有效地传递出阅读推广项目的信息。第三，鲜明的可识别性。LOGO 必须以高度提炼的形象表明事物的特征，并以图形符号的形式向人传情达意，使人们在瞬间对它做出识别判断。因此，设计 LOGO 时应充分考虑各种因素，进行调查，找到自身的特点，将独特的视觉形象赋予阅读推广品牌，方便读者记忆。

2. 常用物品

实物媒介是指包含某些信息，能充当信息传递载体的实物。在阅读推广中，可以将阅读推广主体名称、LOGO、口号、项目等印制在物品上，作为赠品传发给大众，起到宣传的作用。书签、笔、明信片、笔记本、袋子、U 盘、雨伞、文化衫、帽子等都是常见的实物媒介。实物馈赠媒介是一种情感投资，有潜移默化之功效。利用实物馈赠媒介要注意：第一，选择实用性的物品。实用的物品人们才会用，并在使用过程中看到阅读推广的信息，起到反复提醒的作用，也能让人们对阅读推广主体产生亲切感。第二，物品上要印制相关信息。印制内容有阅读推广主体名称 LOGO、口号、项目名称、电话号码等。根据物品大小选择印制的内容，如 U 盘，因其体积小，最多能印制阅读推广主体名称和 LOGO；而书签就能放置更多内容，印制的信息一定要醒目，才能起到传播信息的目的。第三，注意馈赠的方法。制作实用性小物品需要资金支持，所以，馈赠时要选择对象。有些物品可以广为传发，有些物品可用于读者的阅读行为和参与阅读推广活动的奖品。

3. 构建筑物

构建筑物是指建筑物的构成部分，如墙面、柱子、走道、顶盖、窗户等。人们步入一座建筑物，首先关注的是它的布局，而这些构建筑物正是其中重要的组成部分，因此，它们无疑也可成为宣传推广阅读的有力助手。构建筑物不但可以直接展示阅读推广主体的标志标语，还可以展示与其面积相适应的深化阅读主题的艺术画，其渲染作用不言而喻。另外，墙面与柱子还可以支撑一些具有艺术造型的摆设架子，直接放置书刊。利用构建筑物应注意：第一，应与建筑物内的布局、色彩相融合；第二，构建筑物适合展示艺术字、艺术画，不适合展示长篇文字。

二、电子推广媒介

（一）传统电子推广媒介

1. 无线广播

广播媒介是通过无线电波或导线，用电信号向听众传播音信的媒介形式。它具有传播速度及时、覆盖面大、受众广泛、声情并茂、感染力强、转瞬即逝、保留性差等特点。每个省区市都有自己的广播体系，有综合、新闻、城市、生活、交通、经济、体育、文艺、音乐、少儿、乡村等频道。所以，在阅读推广项目的区域推广上，广播媒介是很适合的。同时，机构广播也不容忽视，如校园广播，其听众群体固定、文化层次相同，更容易产生集群效应。

阅读推广主体利用广播媒介应注意：第一，适合在广播上播放的内容。广播具有转瞬即逝的特征，所以，选择播放内容要谨慎。阅读推广项目广告推广、新闻报道、读物推广、读书典故、阅读人物访谈等常规内容都适合出现在广播节目中。这些内容可以嵌入其他节目中播报，也可开辟一档阅读推广栏目。第二，依据阅读推广对象来选择适合的广播平台。公共图书馆可以选择城市广播电台，高校图书馆可以选择校园广播，儿童阅读推广可以选择少儿广播频道。有针对性，才能将信息更有的放矢地传达到推广对象。第三，阅读推广文案需适应广播的特性。语言要口语化、规范化，关键词要清晰、响亮，才能增强报道的可听性。第四，音乐是对语言的有效补充。利用间奏乐和背景配乐能有效烘托气氛、渲染情绪，往往产生意想不到的潜移默化、寓教于乐的效果。

2. 大众电视

电视是一种将声音、文字、图像等信息转变成信号，通过某种方式进行远距离传播，供大众收看的媒介。它具有视听两用、声形兼备，传播范围广、受众人数多；信息穿透力强等特点。目前，电视媒介也有一些零星的自发的阅读推广，并取得好的效果。

阅读推广主体在使用电视媒介时要注意的有：第一，考虑什么内容适合电视媒介。阅读推广主体在进行阅读推广活动时，可以邀请电视台到现场来录制活动盛况，会起到良好的宣传效果，吸引大众关注后续活动，可将读物推广自然而然地嵌入电视节目中，或在人物访谈时，让其推荐一些书籍，利用名人效应，吸引观众注意，扩大影响，当然也可制作一些著作赏析的节目。第二，依据阅读推广对象来选择适合的电视频道。电视有卫视和地方台，也有综艺、经济、体育、教育、科技、新闻、少儿、农业等频道。如果是全国性的阅读推广，就应该选择央视平台；区域阅读推广则选择地方台。针对学生进行的阅读推广，选择教育频道或节目；针对农民的阅读推广，则选择农业频道或节目。第三，积极寻求与电视台的合作。电视是比较昂贵的媒介，有制作费用和发布费用，而阅读推广更多是公益性质，因此，以良性的合作关系来减少成本非常有必要。

3. 公众电影

电影媒介是利用电影为某种事物进行宣传，一般是在电影放映前，也有在放映中间、结尾插入一段广告，向观众传播某种信息。它也是阅读推广可以利用的媒介，优势在于：第一，观众注意力较集中，精神状态放松，对阅读推广信息的记忆度会更好，更深刻。第二，感官冲击强烈，印象深刻。电影银幕大，色彩鲜艳，逼真的环绕立体声，都给观众造成视听的强烈冲击，容易打下深刻烙印。第三，电影广告数量少，时间短，制作质量高，观众大多不会产生厌烦情绪。第四，电影媒介可产生集体认同心理。电影是一种集体观赏行为，宣传的信息可以在观众中产生集体认同心理，并容易转化成集体体验行为。

（二）新兴电子媒介

1. 电子显示屏

电子显示屏是一种能显示文字、图像、视频、录像信号等各种信息的显示屏幕，从色彩看，有单基色显示屏、双基色显示屏、全彩色显示屏。因具有亮度高、图像清晰、色彩鲜艳、功耗低、寿命长、性能稳定等特点，电子显示屏已广泛应用于政府机构、城市广场街道、商业中心、各种场馆及其他公共场合。许多阅读推广机构意识到电子显示屏在提高服务形象和档次方面的良好作用，也纷纷在室内或室外合适的地方建设显示屏。室外一般使用较大屏，放置在门口的两侧或门口上方，能较大限度地吸引路过的人群。室内一般使用中小屏，有的悬吊在入门大厅显眼处，用以提醒读者注意观看。

自主电子显示屏能在阅读推广中起到很好的作用，第一，起到宣传、普及知识的作用。通过显示屏播放阅读推广机构的一些规程、基本常识等，还可宣传读书人物、阅读的技巧与方法等。第二，有警示、刺激阅读的作用。显示屏播放礼仪警句，让读者在阅读机构中注意自己的言行，还可播放刺激阅读的读书名言。第三，起到广告的作用。阅读推广项目、各个活动的广告，都适合使用电子显示屏。第四，起到烘托气氛的作用。在阅读推广项目启动时，通过显示屏幕可播放上级领导及贵宾莅临参观、指导的欢迎词，还可以显示各种重大节日的庆祝词等。第五，吸引读者的作用。电子显示屏可以播放吸引阅读推广对象的视频，使他们驻足，这也是留住读者的好方式。

2. 电子杂志

电子杂志有两种：一种是传统型，是印刷杂志的电子版本；另一种是原生型，是只在网络上发行的电子杂志。这里主要讨论第二种原生型电子杂志，这种电子杂志融入了图像、文字、声音、视频、游戏等元素，具有强大的可视性和交互性，且拥有年轻、时尚的受众群，是阅读推广可以利用的媒介。电子杂志的传播范围广泛，可以通过分享、复制等方式大大增加信息的传播性。而且电子杂志能支持多种平台，手机、平板、各种电子阅读器等的出现与普及使得电子杂志携带更方便，为阅读推广提供更多触角与发挥空间。另外，电子杂志也有各种细分，也适合阅读推广精准化的投放。

电子杂志进行阅读推广，其对象主要是潮流时尚的青年人和中年人，他们是原生型电子杂志的主要受众。因此，适合推荐的读物也应该是时尚方面的读物，比如，摄影、美食、旅游、汽车、女性等类别的书刊。除了读物推荐，还可以刊登一些潮流名人的读书心得与方法，使有共同志趣的人产生共鸣，更能激发他们的阅读兴趣。

3. 视频宣传片

随着多媒体制作技术和网络技术的高速发展，许多阅读推广主体积极制作视频宣传片并上传网络或导入电子设备来宣传和展示自己。这种新兴的宣传形式，以其直观性、形象性得到读者的广泛欢迎，是沟通阅读推广主体与阅读推广对象关系的重要桥梁之一，是阅读推广可利用的重要媒介。

视频宣传片制作是阅读推广主体的自主行为，内容和形式选择上有很大自主性，因此，类型也比较丰富。除了阅读推广主体对外形象宣传类，还有阅读推广项目和活动宣传，如读物推广类、服务推广类、工作团队宣传类、文化理念宣传类、礼仪宣传类等。在表现手段上也是多种多样的，有纪录片、配图解说、微电影、情景模拟、动漫、MV 歌曲等呈现方式。

阅读推广视频宣传片的拍摄与加工是一项较大的工程，需要团队配合完成。如果阅读推广主体缺乏制作人员与设备，可以聘请专业制作机构和人员来制作，他们提供导演、摄像师、剪辑师、灯光师和拍摄设备、编辑设备、动画制作设备、数码音乐合成设备等，但整体策划、内容结构、解说文本等都必须自己参与完成。创作团队通力合作，才会制作出自然流畅、严谨新颖的宣传片。

制作阅读推广视频宣传片的要点有：第一，依据阅读推广项目的主题来确定宣传片的主题和内容。主题贴切，才能真正达到宣传的效果。第二，依据阅读推广对象来选择宣传片的表现手段。对市民的宣传视频，可以采用实用的纪录片；对学生的宣传视频，可以是活泼且充满激情的微电影、情景剧；对儿童的宣传视频，可以选择风格有趣的动画片等。在形式设计上贴近读者，贴近生活，了解读者的习惯和爱好，才能使阅读理念深入人心。第三，宣传片背景音乐和解说人员也是重要的构成要素。舒适的背景音乐和饱含情感的解说会使观众情感更专注，使阅读推广宣传更到位。第四，宣传片在能展示主题和信息的情况下，时间越短越好。时间越短且内容又精练生动的宣传片往往能起到很好的宣传作用，时间长且内容庞杂枯燥的宣传片往往宣传效果差。

（三）手机媒介

1. 手机短信

手机一开始只是一个通话工具，手机短信功能的开发，才使它具有了媒介功能。手机短信成为一种传播媒介，是因为手机覆盖人群广，短信资费较低廉，功能简单易用，传播信息快捷送达率高，交互性强等特点。但手机短信只是手机媒介的初级形态，有很大的局限性，如短信表现形式单一，各种垃圾短信层出不穷导致公众信任度差等特点。随后，短信功能衍生出彩信、手机报等媒介形式，使得手机媒介在传播内容、表现形式上更丰富多彩。目前，阅读推广主体通过短信服务平台可向读者群发，或有针对性地发送短信息。

在阅读推广中，手机短信媒介可在这些方面起到作用：第一，通知提醒。阅读推广主体通过手机短信向用户提供新书到馆、到期提醒、时间通知等推送服务，起到提醒用户的作用。第二，用户认证。阅读推广主体通过手机服务系统确认用户身份，提供认证服务，以使用户能使用其提供的某种服务。第三，多样化服务。如新书通报、阅读推广主体公告或通知、讲座与培训、借阅信息和个人预约信息查询、续借图书、检索文献资源等，都可以通过短信平台实现。

使用手机短信媒介，需要注意以下几点：第一，用户须自主进行手机号认证后，才能成为短信接收者，否则会引起用户反感；第二，须文字简练，使用户一目了然。

2. 手机应用 APP

智能手机经过多年发展，已有成熟的操作系统，运行速度快、性能好，能安装各类应用程序，且通过安装第三方应用，延展出很多新的功能和应用。当今 APP 应用市场越来越细化，服务内容更加社会化，并兼容了报纸、出版、广播、电视、互联网视频直播、点播等多种传播形态，形成了手机广播、手机电视、手机阅读、手机视频、手机游戏、手机社交等立体化的媒介服务形态。目前，有部分阅读推广主体也在原有的传播媒介的基础上，通过开发、推广自有 APP 客户端，进行新闻传播和信息服务，如手机移动图书馆。

目前，阅读推广主体的 APP 主要有两种方式开通：一是自主研发，二是合作开发。不管是哪种方式，都应注意：第一，APP 应用的开发应更加注重用户体验，贴近用户个性需求。第二，不遗余力地推广 APP 应用。可通过网站、宣传栏、宣传手册、微博、微信等媒介进行推广，也可上传手机应用商店来推广。有了用户，APP 才有继续开发和维护的价值。第三，提供安卓客户端和苹果系统客户端下载，并与平板电脑兼容性良好。

阅读推广 APP 应有如下功能：用户管理（账户管理、借阅信息查询、预约、续借等）；馆藏目录查询；阅读推广主体资讯（基本介绍、最新消息和活动、最新文献信息等）；移动阅读（书刊、报纸、音视频、公开课等）；用户自主选择的信息推送，如头条新闻、报刊、科技、财经、文史、体育、娱乐、军事、外文资讯等分类的选择；留言反馈；其他功能（个性化定制、扫码功能、游戏功能等）。

随着公众越来越依赖手机，接受和使用 APP 的人也越来越多。阅读推广主体应重视手机 APP 开发，增强与阅读推广客体的结合程度，促使阅读推广朝着社会化和个性化的方向发展，从而更好地推广服务。

三、网络推广媒介

（一）电子邮件与即时通信

1. 电子邮件

电子邮件是一种高效低廉、到达率高的媒介，它打破了时间和空间的限制，让时间或地点不同的人们能有效沟通。电子邮件媒介具有传播范围广，实施简单，高效，成本低，针对性强，反馈率高等特点。电子邮件能在用户邮箱里长久保存，便于回顾，也有更多的思考机会。邮件可再转发，也使宣传推广的作用发挥更大。

利用电子邮件媒介，需要注意：第一，提供优质的内容是根本。邮件内容吸引人，才会有更多用户订阅邮件。自办电子刊物、新书通报、好书推荐、优秀的阅读推广项目广告等内容都适合使用这种媒介。内容力求简洁、实用、清晰，冗余的信息只会引起收件人的反感。如果内容太多，可以提供一个关于详细内容的链接，以供感兴趣的收件人主动点击链接接收内容。另外，在邮件内容合适的位置加上阅读推广主体的 LOGO 或名称及联系方式，也会起到宣传的作用。第二，邮件格式也很重要。发件人一般要用阅读推广主体名称。邮件主题要明确，让收件人快速地了解邮件内容，也便于用户日后查找，同时，它也是让接收者有兴趣打开邮件的关键。第三，及时回复咨询及意见邮件。及时地与用户沟通，表示对他们的重视，不但会提升阅读推广主体的亲和形象，也表明工作效率高、信誉强。第四，控制邮件大小与发信频率。由于带宽或电脑配置的差异性，难免会出现太大的邮件打开速度慢，导致用户无耐心等待的问题。发信频率不要过于频繁，也不要重复发送邮件，邮件轰炸并不能让收件人印象深刻，反而会产生厌烦情绪。第五，允许用户退订。利用电子邮件媒介要以用户事先许可为前提，无论是用户主动订阅和阅读推广主体主动收集的邮件地址，都应允许用户主动退订，充分尊重用户的自由。第六，电子邮件媒介也需要推广。阅读推广主体可以充分利用其他媒介来推广邮件地址或邮件列表订阅页面。

2. 即时通信

纵观目前的网络传播行为，即时通信媒介已深入人们生活的方方面面，QQ、MSN、在线客服系统、阿里旺旺等即时通信工具已不仅是我们进行网络交往的软件，更是我们网络信息交流的重要媒介，在满足人们信息沟通、工作、商务等需要的同时，对人们的生活、交往、思维方式产生深远的影响。即时通信的使用双方都有传播过程的主动权，传播是双向性的，互动性强，这种点对点的传播结构更有利于传播者进行交流沟通，从而保持传播的稳定和连续，同时也节约了大量的成本和时间，使得传播更为迅速和快捷。即时通信平台除了实现单体点对点交流，还可以通过群和组的功能实现协调统一的沟通与传播，群和组的功能可以将信息定向传递到有着共同需求的小众群体之中，而其操作框的广告位可以到达大众群体。即时通信网络是呈网状多节点的传播结构，通过人们的发布和转发等行为可达到舆论广而告之的目的。

在利用即时通信媒介时，应注意，第一，阅读推广工作人员应该注意用语规范。工作人员代表的是一个阅读推广主体的形象，因此，要特别注意语言的规范性和亲和力，以免产生负面影响。即时通信具有即时性，因此，要求工作人员具有快速地组织语言的能力。因为读者交流的内容涉及多方面，这就要求工作人员需了解阅读推广工作的多方面内容，以便能及时与读者交流。第二，及时回复读者咨询，妥善处理读者的建议与意见。读者能得到友好的对待，会更愿意亲近阅读推广机构。第三，群和组的功能更有利于宣传推广，但也需要花时间和精力来主持日常管理工作。工作人员需要经常性地与群友沟通对话，保持热度，也需要制定规章，维护秩序，同时也可以通过群收集大家对阅读推广活动的策划建议。第四，与其他媒介协作。单独使用即时通信媒介的宣传推广是很有局限性的，应与其他媒介结合使用，才能达到更理想的推广效果。

（二）网站

1. 阅读推广主体网站

阅读推广主体的门户网站本身就是阅读推广主体的一个虚拟窗口，集服务与宣传推广为一体，阅读推广活动可以借助阅读推广的门户网站进行更好的设计和宣传来吸引大量读者，引导人们形成阅读意愿，帮助人们选择阅读内容，最终达到阅读推广的目的。阅读推广主体的门户网站，在网站设计思路、栏目内容、管理运行上可以很大程度地自主创新，是阅读推广一个非常重要的网络媒介。

阅读推广所有的内容都可以通过门户网站来呈现，包括阅读推广主体介绍、LOGO、阅读理念口号、各种形式的资源推介、新书快递、导读、活动宣传推广、自办刊物、阅读人物、阅读方法指导、书评、阅读视频、阅读沙龙、读者互动、数字阅读平台，还有其他阅读推广媒介的推广等。多数网站将这些内容散落在各个栏目中，使得阅读推广主体开展的丰富多彩和形式多样的阅读推广活动没有得到集中体现而丧失生命力和持久性，阅读推广因没得到网站广泛持久宣传而缺失了独特的文化魅力，既达不到深层次的阅读推广效果，也无法形成独特的阅读推广品牌。因此，阅读推广主体应在门户网站中组建阅读推广的专题栏目，让阅读推广活动常态化、系统化，形成长期性和延续性阅读推广机制，推进阅读推广品牌创建，达到不断提升读者满意度与忠诚度的效果。

利用网站阅读推广媒介时，应注意：第一，栏目内容更新要及时。滞后的信息将会影响读者关注、参与的积极性。第二，在推荐图书时，除了纸质图书，还应注意数字资源的推介，如新到数据库、网上免费书刊导航等，满足不同读者的不同资源需求。

2. 各类型知名网站

其他类型网站，如综合性门户网站、各级政府网站、视频网站等知名网站，都可成为阅读推广的媒介。知名网站有各自的受众基础，推广的内容能触及更多人。但阅读推广主体利用其他类型网站时，自主性并不强。因此，能投入的内容就不多。比较适合的推广内容，如举行大型的阅读推广活动时的宣传性和报道性的文字、视频资料等。阅读推广主体可以投稿的方式向相关网站推送材料，也可以邀请网站记者来参加并报道阅读推广活动情况。

阅读推广主体在利用其他类型网站时，应注意：第一，内容具有价值性。有价值的、图文并茂的材料才能吸引人关注，网站编辑才会接收来稿并推广。第二，选择适合的网站并长期合作。利用第三方平台来推广，就需维系友好的合作关系。

（三）自媒体平台

1. 阅读推广微博

新浪网借鉴了Twitter的一些形式和功能，首先推出新浪微博：用户可以通过网页、WAP页面、手机APP等终端，将自己的所见所闻所想编写成一段140字以内的话，还可以配上相应的图片上传到网站。自己关注者的更新可以实时地显示在自己的微博网页上，自己还可以在其下留言评论。几个月后腾讯、网易等网站也跟进推出了自己的微博。

2. 微信公众平台

利用微信公众平台进行阅读推广，可以重点建设两个功能：

第一，信息推送功能。微信公众平台的信息推送功能可主动向读者推送各种信息，如各种类型的书刊推荐、图文欣赏、名人谈读书、书评、培训公告、数字资源推荐、阅读推广活动的推广、服务推广、主题展览等。在信息推送时可使用用户分组功能，可使推送的信息更具备个性化、精准化，针对不同层次、不同需求的读者推送不同主题的阅读推荐，收效更佳。

第二，自定义菜单功能。在自定义菜单中有清晰的信息分类，读者通过选择栏目来获取相应的信息。制作自定义菜单之前，需做好前期相关调研工作，确定各栏目主题，结合实际情况，挖掘信息资源，开辟独树一帜的特色品牌栏目。得到读者认可的栏目，持续推送高质量的信息内容的栏目，才会有持续关注，点击率才会高，才能实现阅读推广的价值。

使用微信进行阅读推广，应注意：第一，标题及正文都应采用诙谐幽默的语言风格。第二，微信推送的内容要适合手机阅读，学术性或操作性太强的文章、适合精读和研读的文章，都不宜通过微信发送。微信内容是通过手机阅读，而手机阅读属于浅阅读，即碎片化、快餐式的阅读，冗长而复杂的内容一般会被读者一刷而过，起不到相应的效果。第三，内容的表现形式可更生动丰富。微信支持文字、图片、语音、视频等多种形式，可为用户打造更有创新和生动的信息形式，给用户不同的阅读感受。内容的生动化，更能吸引读者的兴趣，进而激发他们阅读的兴趣。第四，微信公众平台的功能在不断的完善中，阅读推广主体应与时俱进，随着微信功能的增加而调整，不断地开拓新的领地，不断创新，才能发挥微信在阅读推广中的优势，长久地吸引读者关注，达到良好的阅读推广效果。

3. 阅读推广博客

在Web2.0到来后迅速升温，包括搜狐、新浪、网易、和讯等众多门户、专业网站都提供各具特色的博客服务系统。因为博客是用户自身主动的行为，博客群体在讨论一个话题时会吸引来其他博客的参与，信息会得到更加广泛的传播，同时，这种讨论又比较容易形成更加强大的影响力，使传播效果得到极大的提升。

建设阅读推广博客，应注意以下三点：第一，注意博文的更新频率。建设一个阅读推广博客并不难，难的是维护更新，如果更新不及时就难以满足读者的需求，就留不住用户。因此，这就需要博客管理者投入一定的时间和精力，及时发布阅读推广信息，才能使博客更好地服务读者。第二，发布每条博文时要添加关键词标签。添加标签可使博文能按照标签进行类聚，方便读者检索到博文，提高博文可获取性。第三，增强阅读推广博客的互动性。博客是通过读者与博主在留言、评论等途径进行交流而实现互动的。通过互动，阅读推广主体可了解读者当前和潜在的信息需求，提高信息提供的质量。而读者在互动中不仅需求得到满足，也体验到被重视的归属感，一定程度上提高读者对博客的忠诚度。博主应鼓励读者多发评论与留言，并及时回复他们，也可发起阅读讨论，让读者在互动中提升自己的阅读能力。

第七章 公共图书馆数字化阅读推广的策划与实施

第一节 公共图书馆数字化阅读推广的基本内容

一、阅读立法是推广阅读的法律保障

全民阅读思想已上升为国家战略，从先前的民间力量推动转为政府行为。为将全民阅读作为国家意志来体现，学者们进行阅读立法呼吁。全民阅读立法是国家性行为，体现在全民阅读中的国家意志。但阅读实际上属于个人行为，全民阅读立法还不具备法理基础，进行全民阅读立法的呼声也受到各界质疑。在儿童阅读立法方面，比如，学校儿童阅读立法、图书馆儿童阅读立法，这些议题不存在任何争议。综观国际趋势，儿童图书馆服务已呈现出服务活动化倾向，即图书馆通过举办各类活动来开展儿童读者服务，为此，儿童阅读推广也开始向立法方向发展。

对儿童阅读的法律规范可以通过国家立法部门发布司法解释，以配套文件进行落实，从释法、普法研究转向配套司法解释、配套法律制度研究，进而开拓出一个理论更加深入、内容更加丰富的研究领域。在现有法律框架下，对于儿童阅读立法的研究，其重点只能是儿童阅读政策法规、标准指南、规章制度等方面的研究。对于儿童阅读立法工作，需要关注的主题包括：落实儿童阅读推广中的科学精神和专业主义，对儿童阅读推广主体资质进行评定与管理，保障阅读疾患症儿童的阅读权利，保障社区边缘儿童的阅读权利，促进儿童阅读推广活动的绩

效，落实儿童阅读资源，保障儿童阅读安全。

二、数据支持是阅读推广的资源保障

阅读推广需要数据支撑，并依数据而开展活动。要保障阅读推广工作的正常开展，阅读推广机构需要获取用户授权的相关数据，并进行分门别类的整理，从而使阅读推广活动目标定位更加精准，更具科学依据。图书馆可供挖掘的数据包括：用户行为数据、馆藏文献数据、馆员数据和用户基本数据。如果借鉴大数据思维，从文献流程管理视角对这些数据进行分析，使文献与用户数据进行整合、发生关联，最终记录用户的阅读行为。在新时代、新环境下，图书馆业务运行的核心驱动力便是数据，这也需要图书馆使用更加智能的系统，从而实现数据驱动业务系统。只有在数据驱动基础上，图书馆才能了解读者兴趣，开展各项服务软件的推广，实现针对读者的个性化服务。

在当前技术环境下，图书馆要开展好阅读推广活动，就需要提升馆员的工作水平与能力，而建立数据化的图书馆则可帮助馆员解决所需数据问题，也间接提升了馆员工作的水平。图书馆可依照收集的数据来分析读者阅读行为与兴趣点，从而对用户进行个性化的阅读推送服务。

三、机制创新是阅读推广的体制保障

创新阅读推广的工作机制与模式，是阅读推广业务专业化发展的基础与保障，也是阅读推广常态化、可持续的现实需求。工作机制问题是阅读推广工作最突出的问题之一，可通过设置专职部门、专职室组、专职人员和兼职人员，并建立任务型团队，做到各司其职，责任到人，最终提高阅读推广的工作效率。

我国东西部差异大，经济发展不平衡现象明显，西部贫困地区图书馆开展阅读推广工作面临更多挑战与困难，阅读推广需以全新视角进行重新规划。应以生态、整体、互相联系的观点对西部贫困地区图书馆服务进行反思，把西部贫困地区的各类图书馆整合成一个有机整体，共同推动该地区阅读多样性与个性化服务，因此，需要在西部贫困地区大力推广阅读活动，实现阅读的重要价值。借鉴生态系统观点对西部贫困地区图书馆阅读推广模式进行构建，不仅能满足不同用户群体的动态信息需求，还能解决西部贫困地区信息资源短缺的不足，为西部地区社会公众提供优质长效的阅读推广服务。

以阅读推广工作机制创新作为阅读推广的体制保障，尤其要重视西部贫困地区公众的阅读需求，以及图书馆开展阅读推广工作的困难现状。应切实发挥理论在实践中的指导作用与应用价值，从而使得阅读推广工作有框可依、有章可循，能沿着明确、正确的目标前进。

四、素养提升是阅读推广的动力

现阶段，阅读推广已从声势阶段迈入深耕阶段，应以科学、间接、隐形，有方法论与技术支撑的方式去推广阅读，即通过提升素养来推动阅读推广工作，从而真正实现阅读提升的效用。一方面，阅读推广可借鉴经典阅读、主题书展等活动来提升公民素养；另一方面，公民素养提升有利于图书馆开展阅读推广服务，二者是相互影响、形影不离的关系。简言之，阅读推广的直接目的是促进阅读、提升阅读，其本质是提升阅读素养。

在阅读素养提升过程中，需要为图书馆员创造媒介环境，提升他们的信息交流能力，提升其阅读素养与文化修养，最终推动社会公众良好的阅读行为。图书馆在阅读推广基础理论建设中，应对照阅读素养之能力要求，设定阅读推广目标，参照阅读素养指标体系与模型进行阅读推广策划、组织与评估。

第二节 公共图书馆数字化阅读推广的技术支撑

一、图书借阅服务

阅读服务是公共图书馆最基本的服务模式，也是图书馆信息服务和知识开展的功能支撑，决定着公共图书馆的存在形态和基本职能。在全民阅读视域下，公共图书馆依旧要围绕借阅服务这项基本职能展开服务，为用户提供高质量的阅读体验。在知识经济时代，专业技能和知识储备已经成为社会核心竞争力，各行各业都在寻找高效率的知识学习途径，借以提高文化素质。公共图书馆作为社会知识库和信息数据中心受到了各领域精英的关注和使用。在此背景下，公共图书馆应秉承全民阅读和民众文化教育的核心宗旨，以群众作为用户基础，全面开展读书活动，逐步形成专业化、个性化的"管家式"服务模式来普及全民阅读的概念和意义，促进群众养成爱学习、爱读书、读好书、学知识的文化习惯，增强民众的知识竞争力。

二、社区文化活动

公共图书馆是公众进行阅读学习和文化生活的服务机构，为公众提供优质、高效的阅读服务是拉近图书馆与公众联系的有益途径。伴随全民阅读活动的开展，公共图书馆也逐渐从图书借阅管理服务向社会文化活动方面转变。通过与社区建立合作关系来加强双方的文化联系，在社区中举办各种图书阅读活动、文化活动来丰富民众的文化生活，帮助民众树立起正确的阅读意识，积极读书和学习。

三、科普知识展览

科普知识展览是全民阅读活动的重要环节，是公共图书馆进行文化传播、培养民众阅读兴趣的有效途径。在全民阅读活动中，公共图书馆以科普展览作为民众文化活动和读书活动举办的重点内容，制作各种具有文化表现力和阅读氛围的展板、科学实验案例、科学设备作为宣传媒介，引导民众参观展览或是亲手设计和制作科学实验，让民众感受到科学文化的魅力，鼓励通过阅读来获得正确认知，逐渐提高科学素养。

四、数字化阅读推广平台逐步普及

随着图书馆数字化技术的发展，具备虚拟与现实结合、自动识别、数据巨量储存、自动化管理特征的数字化服务平台在图书馆中的应用逐步深入，这就为图书馆开展数字化阅读推广活动奠定了硬件设施基础。一方面，数字化阅读推广平台的普及缩短了社会大众与图书馆在时间和空间上的距离，使阅读推广内容的传播更加快捷；另一方面，图书馆在阅读推广过程中的服务形式和服务内容也伴随着数字化阅读推广平台的普及得到了全面的更新。目前，国内公共图书馆界将数字技术与阅读推广活动相结合的发展模式已逐步兴起，并积累了一定的经验。大部分公共图书馆能够通过自媒体和新媒体途径，依托丰富的数字馆藏资源，实现对网络阅读推广对象的多元化优质服务。

五、多元化导读推介服务深入开展

实践证明，在图书馆阅读推广活动中利用导读推介法引导读者进行阅读，具有很好的推动效果。在对图书馆馆藏资源进行统计的基础上，进一步编制出位置、目录、阅读量等相关信息，能够让读者有目的地进行阅读，提高阅读效率，还能起到引导阅读的作用。例如，无锡市图书馆定时免费发放的读者简报，详细介绍图书馆内的馆藏资源更新及图书推介信息，从而引导读者更加主动地参与图书馆阅读推广活动。另外，无锡市图书馆内还设置了专门的新书推介专栏，让读者及时了解图书馆的新书上架情况，方便读者阅读；在图书馆一角还有服务建议专栏，有需求或者有意见的读者可以留言，图书馆会根据读者的要求进行及时整改或答复。

六、阅读推广形式多样化发展

以服务当地群众普遍化和个性化阅读需求为基本出发点，各地区公共图书馆的阅读推广形式日益丰富。总体来看，主要有公益性讲座、经典阅读推介会、阅读征文、阅读沙龙、专题阅读背景文化交流等形式。这些阅读推广活动为当地各阶层群众获取知识、提高文化水平、接受业余教育提供了多样化的参与途径，同时有效引导了更多的群众走进图书馆，利用图书馆。此外，部分图书馆还创造性地开展了阅读猜谜会、旧书交换沙龙、少儿亲子阅读等群众喜闻乐见的阅读推广活动，从而有效吸引了多方参与，提高了群众的阅读意识和阅读兴趣。

七、阅读推广品牌价值逐步形成

阅读推广品牌的形成是图书馆宣传阅读推广活动、扩大社会影响力的有效途径之一。同时，品牌价值也是阅读推广活动多元化开展和可持续性发展的前提和基础。只有在品牌的魅力之下，阅读推广才能逐步深入人心，形成群体效应。

第三节 公共图书馆数字化阅读推广项目的策划与实施

一、公共图书馆阅读推广项目的类别划分

公共图书馆阅读推广项目的标准不同，分类也不同：

1. 从目标群体的角度，主要可以分为：①儿童阅读推广项目；②青少年阅读推广项目；③成年人阅读推广项目；④老年人阅读推广项目；⑤农民工阅读推广项目；⑥盲人阅读推广项目等。

2. 从项目举办情况的角度。主要包括了以下两类：

第一，常规阅读推广项目，主要是针对图书馆长期开展的阅读推广项目而言。阅读习惯的养成需要一定的时间和持续性，常规阅读推广项目也是必不可少的，需要长期坚持，而这一项目的间隔时间，可以由图书馆的实际情况决定，一周、一月、一年都可以，但是要具有规律性。图书馆的常规阅读项目包括儿童的故事时间、书目推荐活动等。

第二，主题阅读推广项目。不同于常规项目，主题阅读推广项目是为了达到阅读推广影响力的扩大而进行的。一般在节假日或者阅读活动周开展的项目，都属于这一类型，还包括专题性质的活动，如天津市和平区图书馆曾开展读书漫画大赛，是通过结合读书和漫画进行阅读主题漫画作品的征集、评选和展览的一种阅读活动。

二、公共图书馆阅读推广项目的前提条件：确定读者群

对读者群进行明确是阅读推广项目策划的首要工作。国外阅读推广项目的共同点在于具有明确的目标群体。例如，小学高年级和初中低年级学生是英超俱乐部"阅读之星"主要受众；寄养家庭儿童是"信箱俱乐部"的主要服务对象。

又如，挪威还对16—19岁高中生开展阅读推广项目，参加人数达6万多人次，这一项目通过向高中生进行文学书籍和教师指南的免费发放，让高中生能够理解教师是怎样将教学和该书本联系起来的。此外，挪威针对运动员还进行运动和阅读等专业的阅读推广项目的开展，在各个比赛场地和运动俱乐部开展图书阅读活动，加强运动员阅读习惯的养成。

确定读者群是每一个阅读推广项目的前提条件，若是没有明确的读者群，会限制项目的实施效果。不论阅读推广项目大小，都需要明确读者群。

三、公共图书馆阅读推广项目策划实施的内容

（一）选择与分析读者群

1. 读者类型的细分与选择

分析读者需求是图书馆的首要任务，应对读者需求的优先顺序进行排列，并从图书馆的实际情况出发，进行阅读推广项目的确定。由于很多图书馆的工作人员有限，人力不够，还应该基于本馆的服务人群和工作重点情况等，对重点读者进行确定。

儿童和老年人是公共图书馆的重点服务对象，学生是高校图书馆的重点读者，并在这一基础上进行不同兴趣和不同年龄的划分。对此，可以针对0—1岁、1—3岁、3—5岁、6—9岁等儿童读者，针对儿童的兴趣和爱好进行划分：如喜欢汽车绘本、喜欢动物小说、喜欢科普内容等。可以将老年人读者划分为两类：一是高知老年读者；二是普通老年读者或者爱好烹饪的老年读者、爱好音乐的老年读者等。

对读者群体进行明确后，当前的阅读推广工作重点需要依据图书馆的工作规划进行，从而对读者群进行选择，可从两个层面进行：首先，图书馆应该根据资源特征和限制进行相应的读者阅读推广服务；其次，选择合理的阅读推广时间，如大一新生入学、新学期开始等，可以促进大一新生的适应性为主题进行阅读推广，或者是入园时期，针对小朋友的分离焦虑情况等进行有关绘本阅读推广，让小朋友更快地适应幼儿园的生活和学习。

2. 读者群特点的分析方法

为阅读推广确定准确的读者群后，应该详细地分析和研究此类读者群的特征，以此对阅读推广的主题和方式予以确认。例如，英国一个阅读推广项目，将读者群锁定为不爱阅读的男孩子，分析这类男孩子的特征发现，他们对足球比较热衷，所以，可以将阅读结合足球话题进行主题的确定，将有关于足球方面的书籍推荐给这类儿童读者群，将足球礼品，如签字笔、徽章等作为奖励，发放给认真阅读的男孩子。若是将3—5岁的儿童确定为阅读群，图书馆应该针对该年龄段儿童的心理特征予以了解和分析。需要特别引起注意的是，图书馆无论针对哪个读者群体开展阅读推广活动，都需要先对读者群体的特殊性和特征进行分析，可以从以下方面对读者群体的特点进行了解和分析：

第一，文献法。图书馆馆员为了更好地对某个读者群体的特征信息和知识进行了解，可以通过专著、论文以及相关教材等途径获得，如关注儿童发展心理学方面的论文和著作，有利于对3—5岁儿童的心理特点进行了解；若是针对老年人开展阅读推广，可以适当地阅读有关于老年心理学的资料，这样做，可有效把握特定读者群的整体特点等。

第二，调查法。文献法并不能确保对所有读者群特点进行了解，因此，有必要结合其他的了解方法。例如，问卷调查法是一种普遍采用的方法，有利于较为准确地对读者的特点进行把握，还能掌握读者的有关特点信息，甚至可以了解馆里老年人的兴趣。当然，这种方法只能针对到馆读者，为了更好地对未到图书馆的读者特点进行了解，需要采取其他方法进行相应调查。

第三，流通数据分析法。读者使用图书馆资源的情况，可以通过流通数据获悉。为了更好地把握读者的兴趣和特点等信息，可以通过分析流通数据获得。例如，对流通数据进行分析后，可以对本馆的大一学生、大二学生或者文科生、理科生比较喜欢阅读哪一类型书籍进行了解，可以获得具有相同阅读兴趣的人群，有利于阅读分享活动的策划。

（二）确定阅读推广目标

经过以上两步工作，应该对阅读推广项目的目标进行确定。该阶段应该遵循可评估性和可明确性两个原则，包括两个主要的阅读推广目标：首先，是为了让读者的阅读兴趣得到提升；其次，是为了让读者的阅读能力得到提升。当时，不能将提升阅读能力和阅读兴趣作为阅读推广项目的目标，有违以上两个主要原则，不具备适用性。比如，英国为提升成年人读写能力的阅读推广项目，其目标是：针对读写能力不佳的成年人，督促其在三个月时间内进行六本书的阅读，该目标非常明确，且具有可评估性。

（三）确定阅读推广方式

1. 常规性阅读推广方式

第一，馆藏推荐。阅读推广的一个基本方式是书目推荐，某个领域的图书和期刊比较优秀，于读者来说是不清楚的，因此，图书馆进行相应的推荐工作十分有必要。图书馆应该基于馆藏进行推荐，但是并非限于馆藏资源。此外，推荐的可以是图书书目，也可以是电影、游戏或者是杂志等。通常情况下，图书馆包括以下馆藏推荐：

借阅排行：图书馆最为普及的一种方式，包括按月、按季度和按年度的借阅排行榜，也可以分为文学类、经济类等按类别进行的借阅排行。

新书推荐：图书馆还经常采用新书推荐的阅读推广方法，即先进行新书书架设置，然后开展定期巡展，或者通过网络进行推荐等。特别需要引起重视的是，应选择性地进行新书推荐，否则推荐不具备适用性。

编制主题书目：图书馆出于需求进行某一主题资源的宣传活动称为编制主题书目。这一书目不但包括图书，还有数字馆藏和报纸等资源。

馆员推荐：图书馆馆员对馆藏资源的了解较为全面和系统，因此，馆员推荐是基于这一条件进行的一种方式，不但充分利用馆员的资源优势，也有利于其工作热情的激发。目标用户群的特点是馆员推荐的前提和基础，而馆员推荐的主要作用是为了激发读者书本的兴趣，而非展示馆员文采。因此，目标用户的特点和需求才是重点。

读者推荐：读者是图书馆不可或缺的资源，对读者资源的有效组织也是图书馆的一项重要工作，应该在阅读推广中充分利用这一资源。读者推荐的方式非常丰富，如苏州独墅湖图书馆，将图书推荐圣诞树放置在阅览室，供读者进行书目推荐和理由的阐述。需要特别注意的是，应该基于读者群体的特点选择合适的推荐方法，如针对儿童进行推荐，可以考虑采用卡通形象的推荐卡，吸引儿童的注意力，让他们填写；并不需要写推荐语才能进行书目推荐，还可以使用绘画、Flash 以及视频等方式进行推荐。

推荐后续活动的设计和开展：吸引读者阅读是所有馆藏推荐的最终目标，因此，推荐书目的陈列并非唯一工作，后续推动也必不可少。列出书目只是工作的一个组成部分，还需要一定的激励措施，促进读者阅读。当然，需要根据面向的读者群特征，进行激励措施的制定。

第二，常规读书活动。阅读推广既可以采取馆藏推荐的方式，也可以进行丰富多彩的读书活动。需要引起注意的是，任何一种方式的阅读推广都是为了让人们养成良好的阅读习惯，并将之常态化，所以，也应该作为图书馆的一项常规工作而非偶然的、临时的。因为阅读习惯的养成是长期的、持续的过程。

公共图书馆面向的服务群体较为多样化，阅读推广的主要人群包括儿童、青少年以及老年人等。由于读者群体的不同，所采用的推广方式也有所不同。此处不再详细地分群体进行阐述，以下只将比较常规化的读书活动予以呈列，以供参考和借鉴。

"故事时间"——这一阅读推广活动的主要负责人，可以是儿童图书馆的馆员、聘请的志愿者。国外有细致的儿童读者群体划分，主要包括 0—1 岁、2—3 岁、4—5 岁等阶段。无论是公共图书馆总馆，还是分馆，都会进行一星期一次的故事时间，会根据各个年龄阶段进行。图书馆馆员通过夸张的表情和语气进行故事讲解，进行相关的活动延伸，如画画、手工等，促进儿童对"故事时间"活动的兴趣。当然，国内图书馆对故事时间也比较重视，但唯一不足的是，对儿童年龄的划分不够细致，且很少有 3 岁以下儿童的"故事时间"。

图书馆需要根据本馆实际情况，开展"故事时间"活动。目前，大部分的图书馆对"故事时间"比较重视，但是受人力资源不足的限制，需要考虑吸纳更多的志愿服务者参与。例如，江苏吴江图书馆吸引了很多台湾志愿者，给少年儿童定期开展"故事时间"，且效果非常显著。

读书交流活动——图书馆不但要指导和提供资源给个体阅读者，还要建设读者交流平台。读书交流的形式也比较丰富，既可以共读一本书，也可以进行月底类刊物的编制和读书会等活动的开展。任何一个读书交流形式一旦形成，应该长期坚持。例如，陕西理工大学图书馆开展"同读一本书"的活动；河北科技大学图书馆成立"好书月月谈"等项目，有利于促进大学生之间的交流和沟通。

2. 专题性阅读推广项目

图书馆每年或者每两年进行一次阅读推广活动，可以称之为专题性阅读推广项目，主要由以下方面组成：

第一，图书馆推出各类读书竞赛和挑战，可以采取视频制作比赛、书评比赛的方式进行阅读推广。例如，美国洛杉矶公共图书馆针对青少年开展四联漫画比赛、书签设计大赛等活动；中国汕头大学进行"读书的那些事"微征文比赛活动，让读者阅读后进行简短的读书感想和体会撰写。这种活动非常具有特色，吸引很多阅读者参与。除了开展比赛形式的阅读推广活动，还可以通过读者达到预期阅读目标后给予奖励的形式进行，比如，可以将金牌发给阅读完六本书的读者。

第二，主题性质的活动。例如，北欧公共图书馆开展动漫之夜、音乐之夜、幻想之夜以及侦探之夜等各种主题阅读活动。其中，侦探之夜还会将现场布置成案发现场，然后邀请侦探小说家和读者进行互动。

第三，大型宣传活动。图书馆既可以开展常规性的读书活动，也可以在重大节日或者世界读书日进行具有特色的阅读推广活动，增加活动的仪式感。

第八章 公共图书馆数字化阅读推广的可持续性及发展展望

第一节 公共图书馆数字化阅读推广的可持续性

一、现有的阅读推广模式及其弊端

（一）媒介融合时代读者阅读引导的模式

1. 模式一：社会化媒体推广模式

人们一般将基于社会性网络（SNS）的 Web2.0 应用称为社会化媒体，典型的如博客、微博、播客、维基、社交网络和内容社区（如豆瓣、优酷）等。近年来，随着图书馆 2.0 的发展，越来越多的图书馆开始应用社会性网络进行阅读推广。我们可以把利用社会化媒体进行阅读推广的模式都统称为"社会化媒体推广模式"。作为一种新颖、前沿的探索，社会化媒体推广模式目前还不是很成熟，但其效果和受欢迎的程度，预示着强大的生命力。

2. 模式二：电子阅读器借阅模式

传统纸质媒介阅读率稳健增长，数字阅读接触率强劲增长。在各类数字化阅读方式中，电子阅读器的接触率增长增幅最大。伴随着强劲的数字阅读潮流，一种新的阅读方式——电子书或电纸书阅读应运而生成为潮流，图书馆作为阅读推广的最重要的阵地，当然不能缺席。

3. 模式三：移动图书馆推广模式

移动图书馆是指所有通过智能手机、Kindle、iPad、MP3/MP4、PSP 等移动终端设备（手持设备）访问图书馆资源、进行阅读和业务查询的一种服务方式。电子阅读器外借服务，是图书馆突破传统外借文献载体和形式的制约，满足不同人群的阅读需求而进行的阅读推广活动。但是电子阅读器只是一种媒介，其负载的数字化内容才是推广的最终目的。移动图书馆建设，能够整合不同的平台，打破内容的瓶颈，提供不竭的资源，释放阅读的潜能，真正使阅读无所不在。因此，移动图书馆服务，将是未来数字图书馆阅读推广的主要模式。

4. 模式四：移动阅读引导模式

这种模式是顺应新媒体时代媒介革新和读者阅读方式改变而形成和发展起来的阅读引导模式。移动阅读引导模式主要有两种方式：一是通过手机登录 WAP 网站或在手机上下载客户端，引导读者进行浅度阅读；二是以提供类似纸质阅读的移动电子书为载体，通过移动设备随时随地上网阅读，引导读者进行长时间深度阅读。

5. 模式五：联合协作阅读引导模式

这种模式主要是采用计算机和通信技术，把区域内分散的信息资源加以集中，通过相互间信息资源的交换与服务的共享，加强区域内各信息机构的合作协调，在提供读者所需的阅读内容的同时，通过网络推荐、网络信息通报等方式，加强了信息机构对读者的阅读引导。

（二）新媒体时代读者阅读引导的思考

1. 对读者选择性阅读心理开展研究

阅读是动机、认知和情感交织在一起的过程，选择什么样的阅读内容、什么样的阅读方式、什么样的阅读环境是读者进行阅读时必须加以选择的事情。其根源在于读者的阅读心理对于阅读的动机、认知和情感状态。读者在进行选择性阅读时，经历着感性和理性的矛盾性选择。感性因素指的是读者受到网络上喧嚣和不确定信息的影响，趋于从众心理进行选择阅读；理性因素指读者按照阅读内容，不受外界影响进行选择阅读。按照心理学上的前沿领域——建构水平理论研究认为，对于读者感性与理性相冲突的矛盾性态度的研究主要探讨读者在什么情况下根据理性思考制定决策,在什么情况下根据感性体验制定决策。这方面的研究遵循两条思路:一是从读者认知分析能力的视角,即利用认知资源的充裕度解释感性体验和理性思考对态度和决策的相对作用,提出在认知资源充裕的情况下采用理性决策,反之采用感性决策;二是从读者认知分析动机的视角,即涉入度或个体重要性来检验感性体验和理性思考在决策中的相对作用,这是精细分析可能性模型所遵循的思路,发现在消费者涉入度高或者个体重要性高的情况下,采用理性决策,反之则采用感性决。策根据读者进行选择性阅读的动机、认知和情感因素,从提高读者的理性思考态度出发,有效引导读者进行选择性阅读。

2. 构建联合阅读引导体系

(1) 科学规范发展目标

阅读引导工作的体系构建是一项系统工程,需要科学规划这一体系要达到的目标,即这一体系要让阅读成为文明发达城市的文化风气,成为城市引以为豪的名片;要让阅读推广深入民心,让阅读成为市民乐于参与其中,乐于分享快乐的休闲习惯;让城市和市民因阅读而和谐,彰显城市的文化品位。因此,可以构建联合阅读的引导体系。

(2) 构建联合阅读引导体系

即由图书情报部门、出版商和书店、政府机构、传媒机构、NGO 等社会团体等联合建立一个阅读工作指导委员会指导阅读引导工作,各方在委员会领导下协同推进阅读引导工作。各方在各自领域内为主要实施力量,既组织本单位的阅读推广工作,又要抽调专家研究读者的阅读行为,在阅读指导委员会的统一安排下,创造性地推出形式多样、内容丰富的阅读推广活动。

3. 开展与新媒体时代的阅读需求适应的阅读引导方式

(1) 与 Web2.0 相结合,强调互动阅读

众多以 Web2.0 为基础的网络社区、微博、网络百科全书、网络阅读等正表现出强大的生命力。通过与 Web2.0 结合,在阅读中进行评论、询问、定制自己感兴趣的话题和最新信息,从而进行互动交流。

(2) 通过个人中心网络,进行融合阅读

个人中心网络,读者可以在这里利用文字、图片、音频、视频等多种方式建

立自己的客户端,进行融合式阅读体验。并通过建立微博,参与评价、讨论等方式与他人分享知识和信息。

(3) 通过平台服务聚合,开展知识点阅读

通过平台服务聚合来实现融合阅读。平台服务聚合,即读者使用二维码检索到一本图书或者多媒体信息,他也会看到这些图书或者多媒体信息在其他读者那里的评论,从而决定是否要借阅这些内容资源,假如恰巧有该内容资源的兴趣小组,他还可以浏览到小组对这个内容知识点的讨论内容,如果需要还可以利用移动设备查找到正在某个房间讨论的小组成员,与他们进行面对面的交流。

(4) 利用移动技术,实现无缝隙阅读

目前,市场上有很多企业开发的移动技术产品可供利用。例如,销售苹果手机应用程序的 APP Store, Google 视觉检索软件 Goggle,图片检索网站 Snaptell、Kooaba 等。利用这些移动技术产品,读者可以随时随地进行阅读。

二、建立阅读推广活动的长效机制

(一) 推动全民阅读立法

依法治国,是长久以来党领导人民治理国家的基本方略,也是社会进步的重要标志,同时,也体现了法律的重要地位和作用。全面落实依法治国基本方略,就是要日益扩展法律的功能,使法律大规模地向社会各层次、各部分渗透,同时要加强立法工作,增强全民的法律意识和法制观念,更重要的是要对一些与国家长远发展、国家综合实力提升有益的活动予以法律层面的保障,以保证其持续有效地开展下去。毫无疑问,全民阅读就是一项需要立法保障的重要活动。

(二) 加强图书馆阅读推广服务

在全民阅读推广活动中,图书馆无疑是一个极为重要的阵地和图书推介的平台,更是人们接触图书、了解图书的一个重要渠道。因此,如何在媒介融合时代把握和增强图书馆阅读推广服务是全民阅读应该着重考虑的问题之一。

在全民阅读活动推广过程中,要充分利用图书馆的优势,通过开展多种形式

的阅读活动，推动阅读活动的普及。对于高校图书馆而言，一是可以充分利用各种媒介形式，如广播、校报、张贴海报等方式对读书活动进行宣传推广，吸引学生群体的兴趣，提高关注度和参与度；二是学校图书馆可以利用高校的资源优势多多开展学术性讲座等活动，既可以丰富学生们的业余生活，补充其知识体系，同时，又可以通过开展一些以促进和宣传阅读等内容为主的讲座，来扩大阅读的影响力。对于公共图书馆而言，一是要充分利用自身图书资源充足的优势，广泛组织开展形式多样的阅读促进活动，即可以针对不同年龄段读者群体的特点，开展不同主题、有指导意义的阅读书目推荐活动；二是完善自身服务体系建设，延长公共图书馆的开放时间，同时，加强数字技术的研究开发，营造良好的阅读氛围，为读者阅读提供一个舒适的环境，这样更有助于激发读者的阅读兴趣和享受阅读的心理感受；三是善于利用电子书这一新型阅读形式，借助数字技术的发展，推动公共图书馆馆藏图书的电子化，方便读者的借阅和查询。

（三）培养青少年读者群体阅读习惯

1. 加强对经典国学、经典名著阅读习惯的培养

首先在全民阅读活动中对青少年读者推广经典读物时，要注意区分不同的年龄阶段的读者。对于年龄较小、阅读自主性较差的读者小朋友，应该选择内容多样化的书籍进行推荐；对于已经具备一定阅读能力的青少年读者群体，可以直接阅读原著。为了使青少年读者理解更加容易，在全民阅读推广过程中要注意由浅入深。这一方面是为了避免直接阅读原著会造成读者理解和思考上的困境，另一方面是为了培养青少年读者自觉阅读的良好习惯。

2. 对阅读读物类型进行监管

青少年读者群体正处于阅读习惯的形成和思维定式的关键时期，虽然该群体人群兴趣广泛，但缺乏一定的辨别能力。因此，在阅读推广过程中要格外关注青少年读者群体市场出版物的类型，适时通过家长、老师及有关部门加强对青少年阅读内容的监管。

除了家长、老师之外，青少年阅读习惯的培养还需要许多不可忽视的重要力量，例如，公众媒体积极的宣传引导，向青少年群体传播有价值的正能量信息；

政府部门协调社会各方力量营造良好的阅读环境和氛围，图书馆针对青少年读者群体阅读需求的特色服务体系的完善等。这些既是培养青少年良好的阅读习惯和长久的阅读兴趣，也是保证全民阅读活动长久有效地开展下去的重要动力。

（四）全方位、多角度构建全民阅读文化阵地

1. 精选出版内容，构建阅读文化风尚

要想扩大全民阅读的影响力，提升全民阅读效果，就必须加强对出版物内容的精选力度，除了名著经典以外，还应该重点选择一些有时代代表性、文学素养积淀深厚、文化底蕴较为厚重的作品来出版。出版精品的选择，不是一朝一夕之功，更不可急功近利，妄图一蹴而就，精品的选择需要长期的积累才能实现。而且选出精品还要注重精编，对于出版工作的中心环节——编辑工作而言，从选题策划、组织稿件到审读加工，每一个环节都要严谨细致，这样才能确保阅读精品内容的顺利出版，从而有助于构建新时期属于阅读的新的文化风尚。

2. 推荐精品阅读

有了各种类型、精挑细选的出版物供读者选择，同时，更需要相关领域的专家、学者为全民阅读做一个必要的指引和推荐，这样才能使广大读者在结合自身阅读具体需要的同时，明确阅读的选择方向，使阅读更高效，更有收获。

3. 拓展阅读领域

全民阅读活动应考虑适当拓展国民的阅读领域，在继续强化深度阅读的同时鼓励阅读的自主性和广泛性，不仅推荐阅读经典，一些新时期和现代作者的代表作也要鼓励阅读，不仅阅读国内作家的作品，国外一些知名作家的代表作也应该有所涉猎。

第二节 关于公共图书馆数字化阅读推广的展望

一、运用新媒体应用技术推广阅读

（一）二维码技术

二维码是按一定规律在平面分布的黑白相间的矩形方阵记录数据符号信息的一种条码格式，可以通过图像输入设备或光电扫描设备自动识读以实现信息自动处理。二维码功能广泛，可以用于信息获取、网站跳转、防伪溯源、优惠促销、会员管理、手机支付等领域。图书馆界目前对二维码技术的应用也比较多，主要表现在信息获取、移动支付等方面。读者可以出示手机、PAD等移动终端上的二维码读者证，代替传统读者证使用，也可以通过手机、PAD扫二维码直接登录图书馆网站或系统。二维码可以作为线下用户获取线上信息或服务的最快入口，图书馆可以有针对性地整合阅读推广服务，在合适的时间、地点以二维码的方式展示出来供读者扫码获取相关服务信息。

（二）H5场景应用

"H5"由第5代Html标准规范简称Html5而来，可以用来在移动端页面上融入文字动效、音频、视频、图片、图表、音乐和互动调查等各种媒体表现方式，将品牌核心观点精心梳理，重点突出，还可以方便用户体验及分享。H5在移动端优势明显，可以应用到多个场景，比如，H5动画、H5小游戏、H5弹幕、H5邀请函、H5报名、H5视频等，H5强大的应用功能使其在阅读推广方面具有独有的优势。图书馆可以结合自身业务与服务，通过H5形式，开发消息发布类H5（比如，图书推荐、阅读推广信息、活动邀请函等），互动类H5（比如，报名、抽奖、投票、问答测试、问卷调查等），故事讲述类H5（比如，图书故事、读者故事等）。H5天然具备的社交性，可以使图书馆阅读推广在移动媒体上裂变式传播。

(三) 多媒体技术

多媒体技术是对文本、声音、图像和视频等多种媒体的综合处理。多媒体技术使信息变得更加直观和有吸引力。移动互联网时代，多媒体技术仍然是图书馆阅读推广的中坚力量。图片处理方面，新媒体传播对图片的重视达到了很高的程度，微信、微博推文在制作中图片是否美观很大程度上决定了能否吸引读者点击阅读。音频技术方面，主要可以应用在听书资源和朗读类活动上。

除了上述目前应用较为广泛的技术之外，还有很多移动互联网技术，比如，动漫技术、体感技术、虚拟现实技术、人工智能等，都在图书馆阅读推广领域有着广泛的应用前景。新媒体平台不断出现的新生态，也成为图书馆可以积极利用的新技术，比如，微信小程序这一新生态的出现，再一次影响了图书馆的新媒体阅读推广。目前，莆田市图书馆、安阳市图书馆等都在尝试应用微信小程序，国家图书馆的线上少儿诵读活动也开通了诵读小助手这一小程序。

技术应用方面，目前，二维码技术在公共图书馆界应用较为普及，主要被用于进行资源和揭示、服务推广和活动宣传，取得了很好的推广效果。H5 场景应用主要是在微信中进行，目前正是潮流所在，但存在雷同度较高、缺乏创意等不足。多媒体技术方面，图书馆较擅长传统的多媒体技术，而对新兴技术的掌握尤其是创意发挥方面需要进一步加强，如当前最流行的短视频营销，技术门槛日益降低，对创意的要求也就越高。

二、公共图书馆开展阅读推广活动的建议

(一) 强化公共图书馆设施及充实馆藏资源

全民阅读活动的开展，需要加强组织领导，完善工作机制，在政策上给予扶持，在经费上给予保障，以保证全民阅读活动的持续性、有效性和广泛性。在制度的保证及经费保障情况下，公共图书馆应一方面扩充馆藏，降低社会成员阅读成本；另一方面进一步深化、丰富阅读活动，并创建阅读活动品牌，为市民提供

第八章 公共图书馆数字化阅读推广的可持续性及发展展望

多元化阅读服务，吸引更多读者参与阅读活动。相关部门应制定公共图书馆发展及推动全民阅读政策，并修订各级公共图书馆馆舍设备、人员及馆藏标准，促使地方政府能主动依人口数量建置足够的图书馆设施，配置充足的馆藏数据，以充分供应全民阅读需求及个人发展的信息需求。公共图书馆的阅读场地是有限的，为了能够满足广大读者的阅读需求，公共图书馆不仅要建设在人口比较密集的城市，在各个县乡也应该建立市公共图书馆的分馆，图书要定期进行更新，这样即使是身处乡村的读者也能够随时进行阅读。

立体化阅读环境氛围的形成对于培养社会大众的阅读兴趣和阅读爱好十分重要。一般情况下，阅读环境需要图书馆、学校以及家庭的共同协作才能真正完成构建。就社会阅读环境而言，其构建的方向在于形成社会整体氛围，例如，国家层面发起的"世界读书日"活动；除此以外，国家还可以考虑从立法层面指定专题化的阅读纪念日，进一步渲染阅读推广活动的社会氛围。就家庭阅读环境而言，可以围绕图书馆的亲子阅读活动，帮助家长在家庭环境中营造温馨和睦的亲子互动阅读氛围，这不仅可以促进家长和儿童的沟通交流，而且有助于培养儿童群体形成良好的阅读习惯。就学校阅读环境而言，建设的主要方向在于推动课堂阅读与课外阅读的良性互动，图书馆可以充分利用自身的馆藏资源协助学校实现课堂内外阅读资源的多维度拓展，还可以与学校共同举办形式多样的阅读推广活动，丰富学生的课外阅读内容和形式，从而达到营造公众与校园阅读氛围的目的。

公共图书馆自身要不断完善服务效能，提供方便快捷的借阅条件。现代人都追求简单快捷的生活，公共图书馆也要满足人们的这种需求，尽可能简化一切程序，为广大读者阅读提供方便。比如，要简化借书程序，延长图书馆开放时间；要提供自主查询设备，方便读者很快查到所要书籍的准确位置，以节省寻找时间；对每一位图书馆员专业知识方面要严格要求，必须对所负责的馆藏图书分类大致位置了如指掌，主动为读者提供便捷服务、帮助寻找。

在公共图书馆进行阅读推广时，馆藏资源的丰富性和趣味性起着至关重要的作用。对于读者而言，提升自身素质最有效的方法是阅读经典书籍，阅读经典的过程，是重新发现和建构经典意义的过程，读者一般来说很难自觉体会到这一点，特别是大部头的经典名著。在经典阅读推广中，要想取得良好的阅读效果，图书馆就要考虑到被推广对象在兴趣爱好、认识能力、知识结构等方面的差异，要结合不同的服务对象挑选经典的类型、深浅程度以及不同版本，才能精确提升读者的阅读水平。

公共图书馆还可以对馆藏建设中的特藏资料进行加值运用，丰富全民的阅读材料。公共图书馆典藏的丰富古籍数据，经过数字化加值后，不仅便于研究者使用，也让民众更了解国家文献的价值。另外，经由授权与民间出版社合作，让古籍拥有新的风貌，而且改写成通俗读物或儿童读物后，增进民众对历史的认识，尤其儿童读物可与学校课程配合，制作设计教案，相信对于小学推动乡土教学，让民众拥有更丰富的全民阅读资源有较大的推动作用。

(二) 拓展阅读推广的读者对象

全民阅读作为国家赋予公共图书馆的职责，要在阅读推广活动中使成年人、未成年人、阅读障碍人群享有平等的阅读权利，才能缩小区域间的文化差距，最大限度地发挥全民阅读的效力。

当前，阅读推广对象大多为少年儿童，尤其是4—12岁的儿童，而较少面向低龄幼儿、中学生、成年人、老年人等其他人群。实际上，"其他人群"并非不重要，而是因其各自特点，阅读推广难度较大。比如，低龄幼儿尚未启蒙，行为与认知能力尚弱；中学生个性凸显，且学业应试需求强；成年人担当社会家庭双重责任，有知识需求却精力有限。虽然面向他们的阅读推广难做，但这也正是推广工作能有所突破、有所作为之处。公共图书馆阅读推广特别是家庭阅读推广工作要关注不同人群，分析其个性特点和阅读需求，有针对性地开展阅读推广活动，不断拓展新的阅读推广对象，才能使阅读为更多人带来积极影响，让更多的社会成员更加爱读、多读、会读，才能使更多参与阅读的社会成员得以增进知识、提升智慧、愉悦身心、修养品行、成就事业，才能提高全民族的阅读水平，增强全民族的精神力量，促进社会的整体发展。

每个读者对知识的需求方向和渴望程度不同，因此，不同的读者的阅读经验和阅读目的都会有所差异。这就需要加强图书馆、读者、作者以及出版商之间的相互交流和互动，以保障阅读推广活动的效果，也有助于体现读者阅读的个性化。这些活动主体之间通过交流互动，能够彼此了解对方的需求，对于知识共享、经验共享都有极其重要的意义。同时，鼓励读者同活动其他主体进行交流，有助于提高读者的人际交往能力和沟通能力，并通过阅读获得更多的课本之外的资源。例如，读者在与作者交流的过程中，如果把自己阅读后的想法及今后的需求表达出来，作者就可以通过自身的写作阅读经验的传递，来帮助读者满足阅读需求。另外，图书馆员在与其他主体进行沟通时，能够了解到不同的需求方向，有助于其在今后的阅读推广工作中提升自己的服务水平，从而实现图书馆阅读推广整体服务质量的提升。

在社会上，还存在这样一部分读者，他们渴望阅读，但是他们没有阅读的条件，使得自身的阅读激情无法释放，阅读的兴趣不能实现。图书馆中有很多的阅读资源，这时候图书馆就可以充分发挥自身的优势，展开帮助型的推广阅读模式。例如，对于那些视觉有障碍的读者，可以给他们提供盲文书或者是有声读物；对出行不便的读者提供送书上门服务，尽最大能力满足读者的阅读愿望。为提高全民阅读率，公共图书馆应该格外重视并加强为未成年人、残疾人等提供适合阅读条件的服务。针对未成年人各年龄段进行分阶段、分层次的阅读推荐，有针对性地提供服务。针对残疾人的阅读需求，提供专人、专业的服务方式：一是要为残疾人设置专座，或是为他们送书上门，以便于让残疾人获取信息创造有利条件；二是要组建盲文阅览室，使盲人读者只需轻轻移动鼠标，就可享受视听资料、互联网浏览、电子信息查询等特殊服务；三是可以鼓励市民开展文献传递，为不同人群创造更多、更便利的阅读条件。全民阅读推广是公共图书馆义不容辞的责任，一定要对所有人一视同仁，尽力帮助，实现社会效益与经济效益并重的发展方式。

（三）指导读者并培养阅读习惯

很多民众面对不断推出的新书，不知如何选书、购书。而评选及推荐好书是图书馆责无旁贷的工作，目前，除了中国图书评论学会主办的"中国好书"评选活动，对于书籍并无较严谨的评选及推荐机制。未来，公共图书馆要加强对读者的指导，搭建读者与好书间的桥梁，逐步建立读者读物的评选及推荐机制。

在做好图书推荐的基础上，公共图书馆还需要发展全民阅读团体，学校、图书馆、公司、政府部门、小区组织皆可成立全民阅读团体，从儿童、青少年、成人到老年人皆有适合的全民阅读团体，以培养更多的读者人口，并促使学校图书馆、专门图书馆及公共图书馆提供更符合全民阅读需求的馆藏数据及读者服务。

公共图书馆的使命之一便是全民阅读，一个良好的社会阅读风气要从儿童阅读的推广做起。阅读激发孩子的想象力、理解力和语言表达能力，阅读能力强的孩子，学习能力也强。公共图书馆应积极开展儿童早期阅读推广，策划具有针对性的读书活动及阅读扩展活动，为未成年人营造阅读氛围，倡导家庭阅读，加大亲子阅读活动力度，举办故事会、读书会、知识竞赛、猜谜等活动，通过亲子互动，促进家长与孩子的沟通交流，营造和谐温馨的家庭氛围，培养孩子从小养成良好阅读习惯。

（四）运用新媒体技术为读者服务

现在是一个内容多元、方式多样的阅读时代。互联网、云阅读、电子书、阅读器等带来一场阅读革命，使所有好书可以在方寸间随身携带，数字阅读影响力不断攀升。为了使更多的人投身到全民阅读活动中，我们必须意识到，传统与现代的融合、纸质图书阅读与电子网络阅读并存是未来阅读的趋势。阅读的未来是数字阅读，阅读推广的未来也将是数字阅读的推广，所以，公共图书馆在推进传统阅读的同时，要更进一步积极研究网上阅读、手机阅读、电子阅读等新型领域，并以此为重点，努力实现数字媒体和纸质媒体的对接与共荣，不断拓展阅读领域，努力打造网上全民阅读公共文化服务平台，探索适合新形势需求的数字阅读服务的新模式、新载体、新平台。

基于资源的阅读推广不一定基于一个图书馆当前的现实馆藏，也可以基于任何可以被纳入馆藏的资源人。如今，虚拟现实、数字化阅读、远程教育等技术正不断应用于图书馆服务领域，图书馆特别是公共图书馆拥有大量数字馆藏、共享资源，我国大众数字化阅读普及率已近70%，而目前公共图书馆界开展的家庭阅读推广项目大多仍以纸质图书为主，尚未针对已逐渐形成趋势的数字阅读、电子阅读等新的馆藏资源阅读展开相应的家庭阅读推广。因此，公共图书馆在开展家庭阅读推广时，也应该结合新技术，充分利用一切可用的馆藏资源，开展内容更丰富、形式更新颖的阅读推广活动，吸引更多家庭参与阅读，使更多人爱上阅读，推动全民阅读的进程。

公共图书馆在阅读推广中，需要进一步丰富包括纸本资源和数字资源在内的馆藏资源，确保馆藏资源能满足民众的阅读需要，这是公共图书馆开展阅读推广活动的基础。为方便现代人阅读优秀传统经典读物，不仅需要进行纸本图书的推介，更需要大力进行相关内容的数字资源建设，借助网络渠道加以推广。

随着数字阅读时代的到来，公共图书馆应适应数字化新趋势，充分发挥公共图书馆阅读引领作用，积极推广数字阅读，增设24小时自助借还机、电子书刊机等新技术设备，增加数据库及电子出版物馆藏，积极推进多媒体、多平台融合，提供高质量的阅读资源，不断探索数字化阅读的新载体、新技术、新模式，满足读者大数据下的阅读需求。

在互联网、大数据技术引领下，公共图书馆要想加快全民阅读推广进程，帮助民众树立阅读意识，还要整合技术资源，构建网络知识服务平台。信息时代，科学知识的输出模式已经发生了根本性改变，书籍借阅不再是知识服务的唯一形式，电子阅读、网络阅读成为民众阅读的首选。在此背景下，公共图书馆要想普及科学文化知识，开展全民阅读活动，就要从信息技术中汲取有益经验，采用互联网技术、网站技术构建网络知识服务平台。通过互联网向群众进行知识文化输出，最大化普及科学文化理念，引导群众形成阅读学习意识。

（五）不断探索新的阅读推广模式

传统的阅读模式的深度是不可代替的，然而，在新媒体发展迅速的时代，人们在阅读过程中，明显发觉"界面阅读"与"纸面阅读"相比较，更加简便、快捷、丰富，正由于这样的原因，新的阅读模式融入了人们的生活，渐渐成为生活中不可或缺的一部分。也正因为这种新阅读模式的简单和快捷，人们的阅读习惯也发生了改变，阅读的深度渐渐变浅，阅读的内容大多是娱乐和休闲内容，带给读者的更多是碎片式的信息。这样的新的快餐阅读模式在消耗读者时间的同时，也造成了读者对知识的了解程度不深，阅读的实际意义也没有能在过程中体现来。怎样才能在不固定的时间和地点，把图书馆中的知识通过新媒体的方法带给读者呢？这就需要公共图书馆将传统与新媒体阅读方法相互结合，双管齐下，共同进步。

现今，新媒体阅读模式越来越多，读者也更愿意尝试新的数字阅读体验。手机移动端阅读已经非常普遍，作为新媒体时代的潮流，怎样才能将图书馆的知识内容通过网络载体发送到移动电子设备上进行随时随地的阅读，这需要图书馆方面进行探索，实现更加全面而高效的阅读推广，吸引更多读者，让不同年龄段、不同层次的读者有全新体验。图书馆要丰富移动图书馆的服务内容，健全移动数据库，让读者能在手机或平板电脑等移动设备上随时随地进入移动端图书馆查阅图书馆的数字化典藏，比如，图书、报纸、期刊等，实现"把图书馆带回家"，让读者能更加自由地调取图书馆中的资源。图书馆还可以在微博或微信公众号等方面进行创新、更新，这样能够让读者更方便地了解图书馆的动态，获取图书馆推荐书目等，同时也可以实现读者之间的社交分享，也能够让读者更加方便地对图书馆提出意见和建议，图书馆也可以通过这些方式更加准确地掌握读者的需求和今后的方向。随着新媒体时代的到来，人们的阅读推广模式越来越多，但是，新媒体的到来并不意味着图书馆传统阅读模式的消亡，而是给读者带来了更多的阅读机会。新媒体时代下，图书馆阅读推广的传承与更新为阅读者的阅读空间提供了更多的阅读元素。图书馆阅读推广工作是一项长期工作，需要不断扩展阅读宣传的渠道，创新更多有趣的阅读模式，才能够吸引广大读者加入阅读的行列中。

随着全民阅读活动作为促进建设书香社会、提高国民文化素质的重要举措，进一步得到国家高度重视和社会的广泛认可，基于公共图书馆的全民阅读推广的研究已经成为大家关注的热点。公共图书馆要通过健全长效阅读推广机制，做大做强全民阅读活动品牌，拓展全民阅读新领域，加强与社会力量的合作等具体措施，推动全民阅读推广的持续发展。在当今全民阅读大环境下，阅读推广作为公共图书馆的使命，全民阅读任重道远。创新发展新模式，提升阅读活动质量，打造阅读服务品牌，加强社会合作与业界交流，科学地推动全民阅读的可持续性发展，需要图书馆人不断思考探索创新，为打造全民阅读社会氛围，构建书香社会提供智力支撑。

目前，国内阅读推广活动的总体发展状况已是成绩斐然，但结合全民阅读的现状来看，无论是政府组织层面还是公共图书馆发展层面都存在不小的压力，全民阅读的全方位发展非一朝一夕可以实现。公共图书馆要想实现阅读推广活动的可持续发展，就必须努力寻找多元化的发展途径，使之产生持续的生命力，也唯有如此方能真正推动图书馆事业的创新发展。未来仍将是各种新技术、新平台、新业态不断涌现的时代，图书馆要积极把握时代机遇，寻求更多更好的平台、技术和策略，开展"百花齐放""不拘一格"的阅读推广服务，让全民阅读永远焕发生机。

参考文献

[1] 侯壮. 大学生数字阅读 [M]. 成都：电子科技大学出版社，2017.

[2] 王京生，徐雁. 书香中国全民阅读推广丛书书香在线数字阅读导航 [M]. 深圳：海天出版社，2017.

[3] 王波，等. 中外图书馆阅读推广活动研究 [M]. 北京：海洋出版社，2017.

[4] 陈进，李笑野，郭晶. 高校图书馆阅读推广案例精编 [M]. 北京：海洋出版社，2017.

[5] 王京生，徐雁. 书香中国·全民阅读推广丛书书香满园校园阅读推广 [M]. 深圳：海天出版社，2017.

[6] 王磊，李岩. 中国全民阅读工程发展简史 [M]. 北京：海洋出版社，2017.

[7] 尹昌龙. 深圳全民阅读发展报告2017 [M]. 深圳：海天出版社，2017.

[8] 王家莲. 新时代阅读推广研究 [M]. 沈阳：东北财经大学出版社，2018.

[9] 刘时容. 且为繁华寄书香高校图书馆阅读推广理论与实务 [M]. 北京：新华出版社，2018.

[10] 周秀玲. 大数据环境下高校图书馆阅读推广创新模式研究 [M]. 天津：天津科学技术出版社，2018.

[11] 王京山，包韫慧，侯欣洁. 数字出版前沿 [M]. 北京：知识产权出版社，2018.

[12] 赵枫. 大学阅读与图书馆信息服务 [M]. 长春：吉林人民出版社，2018.

[13] 尹昌龙. 深圳全民阅读发展报告2018 [M]. 深圳：海天出版社，2018.

[14] 崔芳. 图书馆与阅读推广 [M]. 南昌：江西人民出版社，2018.

[15] 吴海春，朱玉婵，冀枫. 图书馆阅读推广与服务管理 [M]. 哈尔滨：哈尔滨地图出版社，2018.

[16] 尹昌龙. 深圳全民阅读发展报告2019［M］. 深圳：海天出版社，2019.

[17] 郭建平. 西部少数民族阅读文化研究［M］. 兰州：敦煌文艺出版社，2019.

[18] 黄葵. 智慧图书馆视角下的阅读推广研究［M］. 天津：天津科学技术出版社，2019.

[19] 杨楚欣. 图书馆阅读推广与服务管理研究［M］. 北京：原子能出版社，2019.

[20] 朱小梅，王丽丽. 通识教育与阅读推广［M］. 北京：朝华出版社，2019.

[21] 李明. 高校图书馆阅读推广研究［M］. 北京：朝华出版社，2019.

[22] 孔瑞林. 高校图书馆阅读推广研究［M］. 济南：山东教育出版社，2019.

[23] 杨峥，杨静，李灵杰. 中国阅读推广专题研究［M］. 北京：中国商务出版社，2019.

[24] 杨敏. 图书阅读推广文化探析［M］. 合肥：合肥工业大学出版社，2019.

[25] 李建明. 高校图书馆阅读推广与服务机制构建［M］. 北京：航空工业出版社，2019.

[26] 吴佳丽. 高校图书馆阅读推广理论与实践研究［M］. 延吉：延边大学出版社，2019.

[27] 刘纪刚. 高校图书馆阅读推广理论与实践［M］. 北京：九州出版社，2019.

[28] 李琳. 高校图书馆阅读推广与宣传促进研究［M］. 长春：吉林人民出版社，2019.

[29] 李西宁. 中国书院与阅读推广［M］. 北京：朝华出版社，2020.

[30] 缪建新. 志愿者与图书馆阅读推广［M］. 北京：朝华出版社，2020.

[31] 肖佐刚，杨秀丹. 图书馆科普阅读推广［M］. 北京：朝华出版社，2020.

[32] 徐益波. 社区与乡村阅读推广［M］. 北京：朝华出版社，2020.

[33] 王以俭，廖晓飞. 地方文献与阅读推广［M］. 北京：朝华出版社，2020.

[34] 屈义华. 阅读政策与图书馆阅读推广［M］. 北京：朝华出版社，2020.

[35] 宋兆凯. 图书馆空间设计与阅读推广［M］. 北京：朝华出版社，2020.

[36] 国丽莹. 照亮童年儿童阅读推广研究［M］. 沈阳：辽宁大学出版社，2020.

[37] 陈幼华. 高校图书馆阅读推广理论与方法［M］. 北京：朝华出版社，2020.